SPANISH IS FUN

BOOK 1 2ND EDITION

Lively Lessons for Beginners

Heywood Wald, PhD

Former Assistant Principal
Foreign Language Department
Martin Van Buren High School
New York City

When ordering this book, please specify *either* **R 520 W**
or SPANISH IS FUN, BOOK 1, SOFTBOUND EDITION

AMSCO

AMSCO SCHOOL PUBLICATIONS, INC.
315 Hudson Street/New York, N.Y. 10013

Cassettes

The cassette program comprises six two-sided cassettes. The voices are those of native speakers of Spanish from Latin-American countries.

Each of the twenty-four lessons in the book includes the following cassette materials:

Oral exercises in four-phased sequences: cue—pause for student response—correct response by native speaker—pause for student repetition.

The narrative or playlet at normal listening speed.

Questions or completions based on the narrative or playlet in four-phased sequences.

The conversation, first at normal listening speed, then by phrases with pauses for student repetition.

The Cassettes (ordering Code N 520 C), with accompanying script, are available separately from the publisher.

ISBN 0-87720-544-2

Preface

SPANISH IS FUN, BOOK 1 offers an introductory program that makes language acquisition a natural, personalized, enjoyable, and rewarding experience. The book provides all the elements for a one-year course.

SPANISH IS FUN, BOOK 1 is designed to help students attain an acceptable level of proficiency in four basic skills—speaking, listening, reading, and writing—developed through simple materials in visually focused topical contexts that students can easily relate to their own experiences. Students are asked easy-to-answer questions that require them to speak about their daily lives, express their opinions, and supply real information.

The SECOND EDITION, while retaining the proven organization and successful program of the original edition, has been strengthened in several ways:

1. All lesson materials are built on a clearly focused content topic.
2. Each lesson follows a consistent program sequence.
3. Many exercises are presented in a communicative framework, with greater emphasis on personalized communication.
4. The lessons on "Telling Time" and "Weather Expressions" have been moved to earlier points in the course.
5. A new lesson on school subjects (*Las asignaturas*) serves as a vehicle for the inclusion of the preterite tense.
6. Situational conversations and dialog exercises in cartoon-strip fashion are included in every lesson after the first.
7. A new *Cápsula cultural* follows each lesson, and a new "Culture Quiz" is included at the end of the book.
8. Completely new illustrations are provided.
9. A new, separate CUADERNO DE EJERCICIOS provides additional written practice.
10. A new Cassette program to supplement the SECOND EDITION is available separately.

SPANISH IS FUN, BOOK 1 consists of six parts. Each part contains four lessons followed by a *Repaso*, in which structure is recapitulated and practiced through various *actividades*. These include games and puzzles as well as more conventional exercises. Lessons 12 and 24 are followed by an Achievement Test.

Each lesson includes a step-by-step sequence of elements designed to make the materials immediately accessible as well as give students the feeling that they can have fun learning and practicing their Spanish.

Vocabulary

Each lesson begins with topically related sets of drawings that convey the meanings of new words in Spanish without recourse to English. This device enables students to make a direct and vivid association between the Spanish terms and their meanings. The *actividades* also use pictures to practice Spanish words and expressions.

To facilitate comprehension, the book uses cognates of English words wherever suitable, especially in the first lesson. Beginning a course in this way shows the students that Spanish is not so "foreign" after all and helps them overcome any fears they may have about the difficulty of learning a foreign language.

Structures

SPANISH IS FUN, BOOK 1 uses a simple, straightforward, guided presentation of new structural elements. These elements are introduced in small learning components—one at a time—and are directly followed by appropriate *actividades*, many of them visually cued, personalized, and communicative. Students thus gain a feeling of accomplishment and success by making their own discoveries and formulating their own conclusions.

Conversation

To encourage students to use Spanish for communication and self-expression, each lesson (after the first) includes a conversation—sometimes practical, sometimes humorous. All conversations are illustrated in cartoon-strip fashion to provide a sense of realism. Conversations are followed by dialog exercises, with students filling empty "balloons" with appropriate bits of dialog. These dialogs serve as springboards for additional personalized conversation.

Reading

Each lesson (after the first) contains a short, entertaining narrative or playlet that features new structural elements and vocabulary and reinforces previously learned grammar and expressions. These passages deal with topics that are related to the everyday experiences of today's student generation. Cognates and near-cognates are used extensively.

Culture

Each lesson is followed by a *Cápsula cultural*. These twenty-four *cápsulas*, most of them illustrated, offer students picturesque views and insights into well-known and not so well-known aspects of Hispanic culture.

The Cognate Connection

Since more than half of all English words are derived from Latin, there is an important relationship between Spanish and English vocabulary. Exercises in derivations are designed to improve the student's command of both Spanish and English.

Testing

The two Achievement Tests in SPANISH IS FUN, BOOK 1 are designed to be simple in order to give all students a sense of accomplishment. The tests use a variety of techniques through which mastery of structure and vocabulary as well as comprehension may be evaluated. Teachers may use them as they appear in the book or modify them to fit particular needs.

Cuaderno

SPANISH IS FUN, BOOK 1 has a companion workbook, CUADERNO DE EJERCICIOS, which features additional writing practice and stimulating puzzles to supplement the textbook exercises.

Teacher's Manual and Key

A separate *Teacher's Manual and Key* provides suggestions for teaching all elements in the book, additional oral practice materials, quizzes and unit tests, and a complete Key to all exercises, puzzles, quizzes, and unit tests.

Cassettes

A set of six cassettes (available separately in an attractive album with script from the publisher) includes for each lesson oral exercises, the narrative or playlet, questions or completions, and the conversation, all with appropriate pauses for response or repetition.

H.W.

Contents

Primera Parte

Segunda Parte

Quinta Parte

Sexta Parte

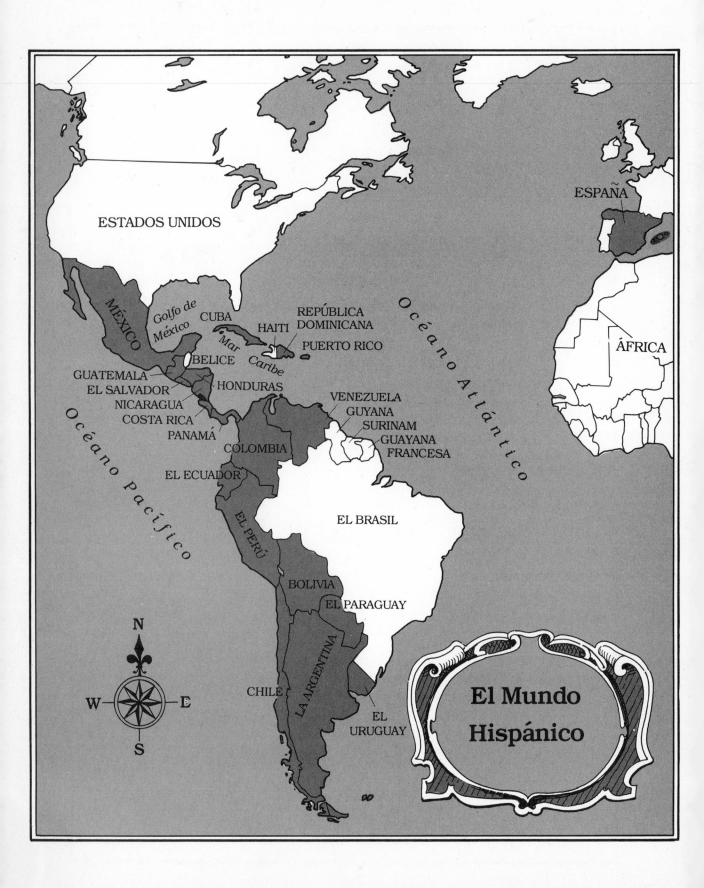

El Mundo Hispánico

Primera Parte

1 El español y el inglés

Words That Are Similar in Spanish and English; How to Say "The" in Spanish

Spanish is spoken by over three hundred million people living in nineteen Spanish-speaking countries, in Puerto Rico, and in the Hispanic communities of the United States. Can you name the countries where Spanish is spoken? Where are they?

You'll have a lot of fun learning the Spanish language, and it will probably be easier than you think. Do you know why? Well, there are lots of words that are the same in Spanish and English. They may be pronounced differently, but they are spelled the same way and have exactly the same meaning. Also, there are many Spanish words that have a slightly different spelling (often just one letter) but can be recognized instantly by anyone who speaks English.

Let's look at some of them and pronounce them the Spanish way. Your teacher will show you how.

1 Words that are exactly the same in English and Spanish:

artificial	el **actor**	la **banana**
criminal	el **animal**	la **base**
cruel	el **cereal**	la **plaza**
horrible	el **color**	la **radio**
natural	el **chocolate**	
popular	el **doctor**	
probable	el **hotel**	
sociable	el **mosquito**	
terrible	el **motor**	
tropical	el **piano**	

2 Here are some Spanish words that look *almost* like English words. Repeat them aloud after your teacher:

delicioso	el **accidente**	la **ambulancia**
excelente	el **barbero**	la **aspirina**
famoso	el **calendario**	la **bicicleta**
importante	el **diccionario**	la **blusa**
inteligente	el **elefante**	la **clase**

moderno	el garaje	la familia
necesario	el plato	la frase
ordinario	el profesor	la foto
	el programa	la gasolina
	el restaurante	la hamburguesa
	el tigre	la medicina
	el tren	la motocicleta
	el vocabulario	la rosa
		la secretaria
		la sopa

3 Some words in Spanish have an accent mark. An accent affects the pronunciation and in some cases the meaning of a word. Here are some Spanish words that have exactly the same or almost the same spelling as English words but also have an accent mark:

estúpido	el automóvil	la música
romántico	el café	la opinión
	el león	la región
	el menú	la televisión
	el teléfono	

4 Here are some Spanish words that are different from English, but you'll probably be able to figure out their meanings. Repeat them aloud after your teacher:

la fiesta

el cine

el teatro

el amigo

la amiga

el estudiante

el parque

el aeropuerto

el avión

el autobús

la estación

el jardín

el banco

la universidad

la lámpara

la flor

Of course, there are many Spanish words that are quite different from the English words that have the same meaning. These words you must memorize. You will probably be able to learn many of them easily by connecting them with some related English word. For example: **libro** (*book*) is related to *library*—a place where there are many books; **pollo** (*chicken*) is related to *poultry*; **médico** (*doctor*) is related to *medical*; **disco** (*phonograph record*) is related to *disk*—a flat, round object.

Here are some more words to add to your Spanish vocabulary:

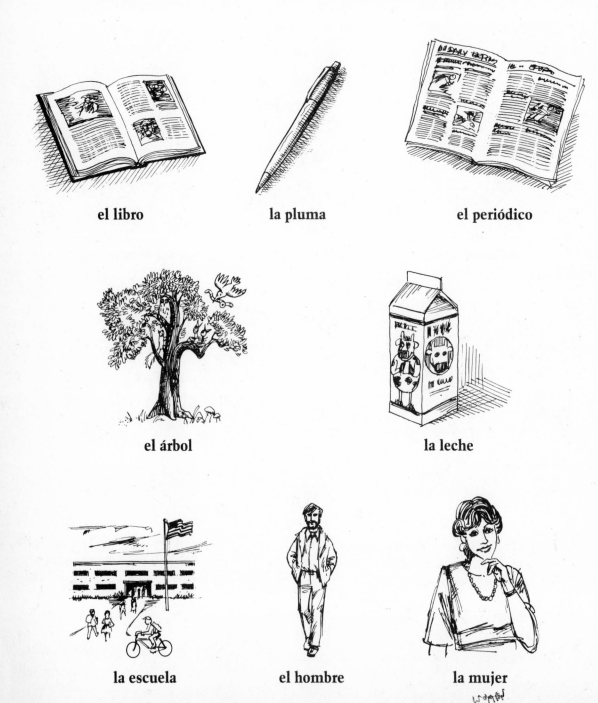

el libro   **la pluma**   **el periódico**

el árbol   **la leche**

la escuela   **el hombre**   **la mujer**

el sombrero   la mano   la casa

la muchacha   el muchacho   el perro

la madre   el padre   el gato

 Well, so much for vocabulary. Now let's learn a little Spanish grammar. Did you notice the words **el** and **la** before all of the nouns? These two words are Spanish words for *the*. That's right. Spanish has two words for *the* in the singular: **el** and **la**. The reason is that all Spanish nouns, unlike English nouns, have GENDER. Nouns are either MASCULINE or FEMININE: **el** is used before masculine nouns, and **la** is used before feminine nouns.

How do we tell which words are masculine and which are feminine? For some words, it's easy. Obviously, **madre** (*mother*), **muchacha** (*girl*), and **mujer**

(*woman*) are feminine, while **padre** (*father*), **muchacho** (*boy*), and **hombre** (*man*) are masculine. But why should **teatro** be masculine, while **lámpara** is feminine? There really is no logical reason. Thus, the only way to learn Spanish nouns is with the Spanish word for *the*. You don't memorize **tigre** but *el* **tigre**, not **música** but *la* **música**, and so on.

Here's a helpful hint: most nouns that end in **-o** are masculine (**el piano, el libro, el disco**), and those ending in **-a** are almost always feminine (**la sop***a*, **la gasolin***a*, **la fiest***a*). With nouns ending in other letters, just memorize the article (the word for *the*) along with the word: **el cine, la clase**, and so on.

Now that we've learned some Spanish words and grammar, let's see if you can figure out the meanings of these ten sentences. Repeat them aloud after your teacher:

1. **El hotel es grande.**

4. **El actor es romántico.**

2. **El sandwich es delicioso.**

5. **El avión es rápido.**

3. **El muchacho es sociable.**

6. **El menú es excelente.**

7. **El médico es norteamericano.**

9. **La actriz es popular.**

8. **La lección es difícil.**

10. **El perro es inteligente.**

¡Fantástico! Here are ten more:

1. **El presidente es famoso.**

3. **El artista es magnífico.**

2. **El accidente es terrible.**

4. **El auto es moderno.**

5. El teléfono es necesario.

8. El libro es interesante.

6. El cereal es natural.

9. El amigo es sincero.

7. El programa es estúpido.

10. La flor es artificial.

ACTIVIDADES

A. You have decided to clean your room. Label the objects you have to pick up:

el periódico	la radio	la lámpara
la bicicleta	el sombrero	el teléfono
el disco	la foto	el diccionario
el plato		

1. _____ el disco _____

2. _____ la radó _____

3. _____ el sombreo _____

4. _____ el periodico _____

5. _____ el teléforo _____

6. _____ la bicicleta _____

7. _____ el plato _____

8. _____ la foto _____

9. <u>el diccionario</u>   10. <u>la lámpara</u>

B. Here are some places you could visit today and the transportation you could use. Label the pictures and make sure to use **el** or **la**:

1. <u>la hospital</u>   4. <u>el restaurante</u>

2. <u>el hotel</u>   5. <u>la escuela</u>

3. <u>el cine</u>   6. <u>el banco</u>

7. _el teatro_

11. _el automóvil_

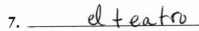

8. _la estación_

12. _el aeropuerto_

9. _el parque_

13. _la motocicleta_

10. _el autobús_

14. _el tren_

C. Write the Spanish word for *the* before each noun: **el** if the noun is masculine, **la** if the noun is feminine:

1. _la_ fiesta
2. _la_ banana
3. _el_ amigo
4. _la_ gasolina
5. _el_ hombre
6. _la_ muchacha
7. _el_ programa
8. _la_ pluma
9. _la_ madre
10. _el_ libro

11. _el_ animal
12. _el_ avión
13. _la_ fruta
14. _la_ mujer
15. _el_ muchacho
16. _el_ profesor
17. _la_ clase
18. _el_ padre
19. _la_ leche
20. _la_ flor

D. Sí o no. If the statement is true, write **Sí.** If it is false, write **No.** (Watch out—there are differences of opinion!)

1. El café es terrible.   _No_
2. El elefante es inteligente. _No_
3. El perro es sentimental.   _Sí_
4. El autobús es rápido.   _No_
5. El criminal es estúpido.   _Sí_
6. El cereal es necesario.   _No_
7. La clase es excelente.   _Sí_
8. La radio es popular.   _Sí_

E. Give your opinion by completing each sentence with one or more of the adjectives listed at the right:

EXAMPLE: El hotel es __popular, elegante__ .

1. El aeropuerto es _grande, popular_.

2. El presidente es _estúpido!_.

3. El automóvil es _popular_.

4. El sandwich es _delicioso_.

5. El mosquito es _horrible, terrible_.

6. El avión es _rápido, moderno_.

7. El chocolate es _popular, delicioso_.

8. El garaje es _importante_.

9. El cine es _romantico, interesante_.

10. El jardín es _delicioso, necesario_.

terrible
rápido
horrible
moderno
delicioso
romántico
necesario
popular
interesante
importante
excelente
horrible
grande

F. Complete each sentence with a suitable noun:

1. La _estación_ es grande.

2. El _restaurante_ es horrible.

3. La _foto_ es importante.

4. El _avión_ es rápido.

5. La ~~palabra~~ _secretaria_ es inteligente.

6. La _fiesta_ es excelente.

7. El _banco_ es necesario.

8. La _flor_ es artificial.

9. El _hotel_ es moderno.

10. El _jardín_ es delicioso.

_____ *INFORMACIÓN PERSONAL* _____

Choose the words from the list that will tell others about you:

cruel   horrible   inteligente   popular
estudiante   importante   interesante   sentimental
grande   imposible   natural   sociable

1. Yo soy ____estudiante_____

2. ___Yo soy sentimental_____

3. ___Yo soy interesante_____

4. ___Yo soy importante_____

5. ___Yo soy inteligente_____

(CÁPSULA CULTURAL)

Hispanoamérica

What is Spanish America? Ask an American to give you an example of a country or place where there are Hispanic people, and the answer is likely to be Mexico, Cuba, or Puerto Rico. That would be a correct and logical answer, of course, because of the more than ten million U.S. citizens who originally came from those countries.

Spanish America is a lot more, however. In the vast area south of the United States, there are eighteen independent Spanish-speaking countries. Together with Spain and Puerto Rico, these countries cover over sixteen percent of the surface of the earth, with a growing population of over a quarter of a billion people. Spanish is, after English, probably the most widely used language in the world today.

Let's take a quick bird's-eye view of this Spanish-speaking world. We don't have time to go into much detail. We'll do that later in this book.

First, there is Mexico, our immediate neighbor to the south, with a population of about eighty million people and an area approximately one fourth that of the United States.

Attached to Mexico is Central America, with its six Spanish-speaking countries: Costa Rica, El Salvador, Guatemala, Honduras, Nicaragua, and Panama.

East of Mexico and Central America is the Caribbean Sea, with the Spanish-speaking islands of Cuba, Puerto Rico, and the Dominican Republic.

Finally, there is the vast continent of South America, with nine Spanish-speaking countries: Argentina, Bolivia, Colombia, Chile, Ecuador, Peru, Paraguay, Uruguay, and Venezuela. The largest of these countries, Argentina, is one third the size of the United States.

These countries and their peoples cover a wide spectrum of cultures, climates, races, and human experiences. Together they make up **Hispanoamérica**.

2 *La familia*

How to Make Things Plural

 Vocabulario

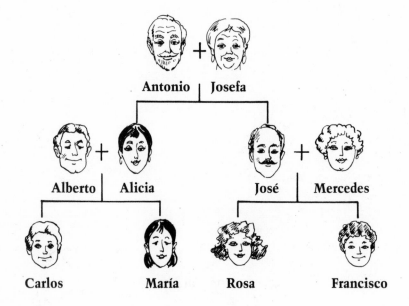

Here we have a big happy family. It's obvious from the family tree who all the members are. Let's take a closer look:

Antonio y Josefa son **los abuelos** de Carlos, María,   **y** *and*   **son** *are*
Rosa y Francisco. Antonio es **el abuelo** y Josefa es **la abuela**. Carlos y María son **hermanos**. Son **los hijos** de Alberto y Alicia, **los padres.**

Francisco es **el hijo** de José y Mercedes; Rosa es **la hija**. Alicia es **la hermana** de José, **la madre** de Carlos y María y **la tía** de Francisco y Rosa.

José es **el hermano** de Alicia, **el padre** de Rosa y Francisco y **el tío** de Carlos y María. Carlos es **el primo** de Francisco y Rosa; María es **la prima**.

18

La familia tiene dos animales: Terror es el perro y Tigre es el gato. Terror y Tigre son amigos.

dos *two*

La familia García es de San Juan, Puerto Rico. ¿Cómo se llaman los miembros de su familia?

¿Cómo se llaman..? *What are the names of* **su** *your*

ACTIVIDADES

A. Following the family tree of the Garcías, complete each sentence with the correct words:

1. Alicia es la ___madre___ de Carlos y María.

2. Los hijos de José se llaman ___Rosa___ y ___Francisco___.

3. Carlos es el ___primo___ de Francisco.

4. Carlos y Francisco son ___primos___.

5. Antonio es el ___padre___ de Alicia.

6. Tigre y Terror son dos ___Animales___.

7. Antonio y Josefa son los ___abuelos___.

8. José es el ___tio___ de Carlos y María.

9. Rosa es la ___prima___ de María.

10. Francisco y Rosa son ___hermanos___.

B. **Sí o no**. Based on the García's family tree, tell whether the statement is true (**verdadero**) or false (**falso**). If your answer is **falso**, give the correct answer:

1. El perro y el gato son **animales**.

   Si

2. **El abuelo** es el hijo de Alicia.

   No

3. Carlos y María son **primos**.

   No

4. **Francisco** y **María** son hermanos.

No   primos

5. María es **la tía** de Rosa.

No   prima

6. Francisco es **el hijo** de José.

_Sí_

7. Terror es **el padre** de la familia.

No - animal

8. **Josefa** y **Antonio** son los abuelos.

_Sí_

9. Carlos y María son **los padres** de Alberto.

No - hijos

10. El padre de mi madre es mi **tío**.

No   abuelos

C. Identify the members of the García family, matching the words with the pictures:

la abuela -grandmother   **la tía** Aunt   **la familia**   **los padres** ~~parents~~
el abuelo grandfather   **los primos** cousins   **los hijos** children **los animales** animals
los abuelos   **los hermanos**
    grandparents   brothers/sisters

1. ___los padres___

3. ___la familia___

2. ___los animales___

4. ___la abuela___

5. _____ los hermnos _____

8. _____ él abuelo _____

6. _____ la tía _____

9. _____ los pimos _____

7. _____ los hijas _____

10. _____ los abuelos _____

2 There are many people in the García family. When we speak about more than one person or thing, we must use the PLURAL. How do we change nouns from the singular to the plural in Spanish? Let's see if you can figure out the easy rules. Look carefully:

I	II
el gato	los gatos
el perro	los perros
el padre	los padres
el tío	los tíos
la madre	las madres
la tía	las tías
la prima	las primas
la hija	las hijas

Now compare the two groups of nouns. What letter did we add to the nouns in

Group II? _____*S*_____. If you wrote the letter **s**, you are correct. Here's the first
rule:

In Spanish, if a noun ends in a vowel (**a, e, i, o, u**), just add the letter

_____*S*_____ to the singular form of the noun to make it plural.

---

3 Here are two more groups of nouns:

I	II
el animal	los animales
el color	los colores
el hotel	los hoteles
la flor	las flores
la mujer	las mujeres
la lección	las lecciones

Do the nouns in Group I end in a vowel? _____*no*_____ What letters did we add to

make them plural? _____*es*_____ Here's the second rule:

In Spanish, if a noun ends in a consonant (for example, **l, n, r**) add the letters

_____*es*_____ to the singular form of the noun to make it plural.

NOTE: **a.** When a singular noun ends in **z**, the **z** changes to **c** in the plural: **la actriz, las actrices.**
   b. When a singular noun ends in a syllable with an accent mark, the accent mark is dropped in the plural.

4 That's all there is to it for the nouns. Did you observe the plural forms for the words that mean *the*? Examine Groups I and II again. In both groups, underline the words that mean *the*, and fill in the rest of the rule:

The plural form of **el** is _____*los*_____.

The plural form of **la** is _____*las*_____.

los and **las** mean _____*the*_____.

---

5 Remember, there are four words for *the* in Spanish: **el, la, los, las**. When do you

use **el**? _____singular masculine_____

la? _____singular femini_____

los? _____plural masculin_____

las? _____plural feminie_____

6 One more thing. What happens when you have a "mixture" of masculine and feminine? Do you use **los** or **las**? The rule is: Always use the masculine (**los**) form:

   y   =

el padre   **la madre**   **(los) padres**
(*the fathers* or *the
parents*)

   y   =

el hijo   **la hija**   **(los) hijos**
(*the sons* or *the
sons and
daughters*, or *the
children*)

   y   =

el hermano   **la hermana**   **(los) hermanos**
(*the brothers* or
*the brothers and
sisters*)

el abuelo

y

la abuela

=

los abuelos
*(the grandfathers
or the
grandparents)*

___ ACTIVIDADES _____

D. Here are some things you probably like. Write the correct Spanish word for *the* before each noun:

1. _los_ sandwiches
2. _las_ fiestas
3. _el_ cine
4. _los_ automóviles
5. _la_ bicicleta
6. _los_ perros

7. _los_ discos
8. _las_ frutas
9. _la_ rosa
10. _los_ amigos
11. _el_ restaurante
12. _____ lecciones

13. _____ sombrero
14. _____ profesora
15. _____ tías
16. _____ hermano
17. _____ aviones
18. _____ parques

E. You have a long shopping list. Write the plural form of the items you have to buy. Use the correct form of *the*:

1. la foto _____
2. el libro _____
3. la blusa _____
4. la hamburguesa _____
5. el disco _____
6. la flor _____
7. la banana _____
8. el periódico _____
9. la aspirina _____
10. la lámpara _____

11. el diccionario _____
12. la pluma _____
13. el plato _____
14. la bicicleta _____
15. la medicina _____
16. el chocolate _____
17. el cereal _____
18. el sombrero _____
19. la radio _____
20. la fruta _____

CONVERSACIÓN

Vocabulario

Buenos días. *Good morning.*
Me llamo *my name is*
¿Cómo estás? *How are you?*
bien *well*
gracias *thank you, thanks*

regular *OK, so-so*
Hasta la vista. *See you later.*
Adiós. *Good-bye*
Hasta mañana. *See you tomorrow.*

DIÁLOGO

Create your own dialog by filling in the missing words, chosen from the following list:

Buenos días.	Me llamo	Bien
Cómo estás	días	Cómo te llamas
Y tú	Regular	mañana

INFORMACIÓN PERSONAL

The census bureau is making a survey. Fill out the required information about the members of your family:

Me llamo _____.

Mi (*my*) padre se llama _____.

Mi madre se llama _____.

Mi(s) hermano(s) se llama(n) _____.

Mi(s) hermana(s) se llama(n) _____.

Mi(s) abuelo(s) se llama(n) _____.

Mi(s) abuela(s) se llama(n) _____.

Mi(s) tío(s) se llama(n) _____.

Mi(s) tía(s) se llama(n) _____.

Mi(s) primo(s) se llama(n) _____.

Mi(s) prima(s) se llama(n) _____.

Mi perro se llama _____.

Mi gato se llama _____.

CÁPSULA CULTURAL

¿Cómo se llama?

Spanish names are, of course, different from American names. Each person has two family names, namely, the father's last name followed by the mother's maiden name. Sometimes the word **y** (*and*) is placed between the two family names. For example, if a girl's full name is **Ana Lucía Gómez (y) Alvarez**, it means that her father's last name is **Gómez** and her mother's maiden name is **Alvarez**. If **Ana Lucía** marries **Carlos Pérez (y) Fernández**, her child's name would be **Juan Pérez (y) Gómez. Ana Lucía** herself would be **Señora Ana Lucía Gómez de Pérez**. Women in the Hispanic world keep their maiden names after marriage. Sounds complicated? It really isn't, once you get used to it.

Hispanic families are generally very large and very close. The "family" includes not only parents, brothers, and sisters but also grandparents, uncles and aunts, cousins (sometimes several times removed), great-uncles, and other relatives. It is not uncommon for parents to live with their married children or for young people to live with their parents until they get married.

3 La clase y la escuela

Indefinite Articles

Vocabulario

Say the following words aloud after your teacher:

el profesor

la profesora

el alumno

la alumna

el papel

la nota

el lápiz

el mapa

el cuaderno

la regla   la pizarra   el diccionario

la ventana   la puerta

la tiza   el escritorio   la silla

___ ACTIVIDAD _____

A. It's your first day in the new school year. Using the following words, identify what you see in the classroom:

la profesora	el lápiz	la pizarra	los alumnos
la ventana	la tiza	la silla	la puerta
el escritorio	el papel		

1. _____

2. _____

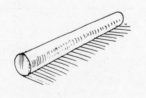

3. _____

4. _____

5. _____

6. _____

7. _____

8. _____

9. _____

10. _____

2 Now that you know all of the new words, read the following story and see if you can understand it:

La clase de español es la clase favorita de Ana. El profesor se llama Mario Rodríguez. Él es **una** persona inteligente y simpática.

él *he*

En la clase hay muchos alumnos. Cada alumno tiene **un** libro de español, **un** cuaderno, **un** lápiz y **una** pluma. El libro grande en el escritorio del profesor Rodríguez es **un** diccionario de español.

hay *there is, there are*
muchos *many*
cada *each*
tiene *has*
del (= **de** + **el**) *of the*

En **una** pared de la clase hay **una** pizarra inmensa. En las otras paredes hay dos puertas y muchas ventanas. Ana es **una** alumna muy popular. La madre de Ana es profesora de inglés en la escuela. El padre es médico en **un** hospital.

la pared *wall*
otras *other*

B. **Sí o no**. Read the story again. If the statement is true, write **Verdadero**. If it is false, write **Falso** and correct the information:

1. La clase de inglés es la clase favorita de Ana.

_____

2. El profesor de español se llama Luis López.

_____

3. El diccionario es un libro grande.

_____

4. El profesor Rodríguez es estúpido.

_____

5. En la clase no hay pizarra.

_____

6. En la clase hay muchas puertas.

_____

7. El padre de Ana es profesor.

_____

8. Cada alumno tiene un libro, un cuaderno, un lápiz y una pluma.

_____

C. Complete each statement about the story:

1. La clase _____ es la clase favorita de Ana.

2. El profesor es una persona _____ y _____ .

3. En la clase hay _____ .

4. Cada alumno tiene _____ , _____

   _____ y _____ .

5. El diccionario es un _____ .

6. En una pared hay _____ .

7. La madre de Ana es _____ .

8. El padre de Ana es _____ .

---

3 Look at the story again. There are two new little words that appear many times.

What are these two new words? _____ and _____ . If you answered **un** and **una**, you were right. These are the words for *a* and *an*. Can you figure out when to use **un** and when to use **una**? Look carefully:

I	II
el **profesor**	*un* **profesor**
el **cuaderno**	*un* **cuaderno**
el **diccionario**	*un* **diccionario**
el **escritorio**	*un* **escritorio**

Let's start by comparing the two groups of nouns. Are the nouns in Group I singular or plural? _____ How do you know? _____

Are the nouns in Group I masculine or feminine? _____ How do you know? _____ What does **el** mean? _____

Now look at Group II. Which word has replaced **el**? _____ What does **un** mean? _____

4   Now look at these examples:

	I	II
	la tiza	*una* tiza
	la silla	*una* silla
	la clase	*una* clase
	la puerta	*una* puerta

Are the nouns in Group I singular or plural? _____ How do you

know? _____

Are the nouns in Group I masculine or feminine? _____ How do

you know? _____ What does **la** mean? _____

Now look at Group II. Which word has replaced **la**? _____ What does **una**

mean? _____

5   Let's summarize:

_____ is used before a masculine noun to express *a* or *an*.

_____ is used before a feminine noun to express *a* or *an*.

__ ACTIVIDADES _____

D. Here's a list of people and things you can find in a classroom. Write the correct Spanish word for *a* or *an*:

1. _____ ventana   6. _____ profesor   11. _____ diccionario

2. _____ pizarra   7. _____ papel   12. _____ puerta

3. _____ alumno   8. _____ pluma   13. _____ mapa

4. _____ regla   9. _____ cuaderno   14. _____ silla

5. _____ lápiz   10. _____ alumna   15. _____ escritorio

E. While you are walking down a street, you identify all the things you see:

EXAMPLE: hombre   **Es un hombre.**

1. automóvil   _____

2. perro   _____

3. mujer   _____

4. plaza   _____

5. animal   _____

6. teatro   _____

7. casa   _____

8. garaje   _____

9. flor   _____

10. ambulancia   _____

11. motocicleta   _____

12. autobús   _____

13. parque   _____

14. estación   _____

15. banco   _____

16. árbol   _____

6 In the story about **la clase de español**, you may have noticed something special about these two sentences:

La madre de Ana es profesora de inglés.
El padre es médico.

That's right. We do not use **un** or **una** with a trade or profession. But look at this sentence:

El padre de Ana es *un* médico famoso.

The indefinite article **un** or **una** is used when the trade or profession is accompanied by an adjective. Let's look at some examples:

El señor Rodríguez es profesor.   *Mr. Rodriguez is a teacher.*
Él es *un* profesor *simpático*.   *He is a nice teacher.*

La señorita Paz es secretaria.   *Miss Paz is a secretary.*
La señorita Paz es *una* secretaria *excelente*.   *Miss Paz is an excellent secretary.*

__ ACTIVIDADES _____

F. Express the following sentences in Spanish:

1. Mr. López is an intelligent teacher.

_____

2. Julia is a secretary.

_____

3. Pedro's mother is an actress.

_____

4. Pedro's father is an important doctor.

_____

5. He is an excellent barber.

_____

6. The man is a president.

_____

G. Here are some trades or professions you know. Substitute **un** or **una** for **el** and **la**:

1. el actor _____   **6.** la secretaria _____

2. la actriz _____   **7.** la profesora _____

3. el doctor _____   **8.** el presidente _____

4. el profesor _____   **9.** la estudiante _____

5. el barbero _____   **10.** la artista _____

H. Underline the expression that does not belong in each group:

1. una puerta, una ventana, una profesora, una silla
2. el lápiz, la pluma, el cuaderno, el café
3. inteligente, sociable, interesante, el cine
4. el abuelo, la tía, la rosa, el hijo
5. la mujer, la banana, la leche, la fruta
6. un tren, una bicicleta, un avión, un jardín
7. el parque, la escuela, la universidad, la clase
8. un hospital, una ambulancia, un médico, un autobús
9. un perro, un disco, un gato, un tigre
10. el chocolate, el cereal, el pollo, el árbol

CONVERSACIÓN

Vocabulario

estupendo *great, fine*
mañana *tomorrow*
no importa *it doesn't matter*
eres *you are*
difícil *difficult*

fácil *easy*
estás *are you*
¡Claro! *Of course!*
buena suerte *good luck*

DIÁLOGO

Complete the dialog by choosing expressions from the following list:

Bien, gracias.	¿Cómo está Ud.?	preparado
¡Buena suerte!	es muy fácil	Es difícil
no importa	¡Estupendo!	favorita
¡Claro!	Hay un examen	

INFORMACIÓN PERSONAL

List eight items you keep in your locker at school or in your desk at home:

1. _____   5. _____

2. _____   6. _____

3. _____   7. _____

4. _____   8. _____

CÁPSULA CULTURAL

La educación

Some Spanish words look just like English words but do not have the same meaning. Such words are known as "**falsos amigos** (*false friends*)" because they are so misleading. In Spain, for example, **educación** does not mean *education*, but *good manners*. A person who has **mucha educación** is considerate, courteous, and knows how to behave properly. A person who is **maleducado** is coarse and rude. To express the meaning of "educated," you would say that a person **tiene muchos estudios**.

While we're talking about education, you should know that a report card is **un informe escolar**; a mark or grade is **una nota**; and to get good grades is **sacar buenas notas**. In many Spanish-speaking countries, the 10-point marking system is used — 10 being the highest, 1 the lowest, and 5 the passing grade. If you see a report card with lots of 8s and 9s, that student is doing work that is **sobresaliente** (*outstanding*).

4 *Las actividades*

How to Express Actions: **-AR** Verbs; How to Ask Questions and Say No in Spanish

 Vocabulario

comprar
to buy

desear
to want

escuchar

estudiar
study

hablar
speak

mirar

practicar
practice

tomar
take

trabajar
work

visitar
visit

___ ACTIVIDAD ___

A. Match the verb with a noun that could be used with it and write your answer in the space provided:

1. mirar _la televisón_

2. comprar _una disco blusa_

3. escuchar _un disco_

4. practicar _el piano_

5. visitar _un museo_

6. estudiar _la lección_

7. desear _un Automóvil_

8. tomar _el tren_

un disco
la lección
un automóvil
el tren
una blusa
el piano
un museo
la televisión

2 Many people will be involved in the conversation later in this lesson. Who are they?

yo (*I*)

tú (*you*)

él (*he*)   **ella** (*she*)

usted (*you*)   **ustedes** (*you*)

nosotros (*we* [boys; boys and girls])   **nosotras** (*we* [girls])

ellos (*they* [boys; boys and girls])   **ellas** (*they* [girls])

These words are called subject pronouns. Subject pronouns refer to the persons or things doing the action. Did you notice that **tú, usted**, and **ustedes** all mean *you?*

tú   is used when you are speaking to a close relative, a friend, or a child — someone with whom you are familiar.

usted   is used when you are speaking to a stranger or a grown-up — a person with whom you are or should be formal.

ustedes   is used when you are speaking to two or more persons, whether familiarly or formally.

44 Lección 4

__ ACTIVIDAD _____

B. Write the subject pronoun you would use if you were speaking to the following people. Would you use **tú, usted**, or **ustedes**?

1. el médico ___usted___

2. un hermano ___tú___

3. una amiga ___tú___

4. el señor Rosas ___usted___

5. los profesores ___ustedes___

6. el presidente ___usted___

7. los padres ___ustedes___

8. un bebé ___tú___

③ Which pronoun would you use if you wanted to speak about **Carlos** without using his name? ___él___
Which pronoun would you use if you wanted to speak about **María** without using her name? ___ella___

Which pronoun would replace **Carlos y Pablo**? ___ellos___ **María y Ana**?

___ellas___ **María y Pablo**? ___ellos___
Él and **ella** may also mean *it*. Which one would you use to replace **el libro**?

___él___ la regla? ___ella___
Ellos and **ellas** mean *they*. Which one would you use to replace **los perros**?

___ellos___ las casas? ___ellas___ los alumnos y las alumnas? ___ellos___

__ ACTIVIDAD _____

C. Write the pronoun you could use to substitute for each name or noun:

1. **Pedro** es inteligente. ___Él___ es inteligente.

2. **El señor y la señora García** son profesores. ___Ellos___ son profesores.

3. **Los animales** son necesarios. ___ellos___ son necesarios.

4. **Juana y Josefa** son alumnas. ___ellas___ son alumnas.

5. **La familia** es grande. ___ellos___ es grande.

6. **Ana** es actriz. ___ella___ es actriz.

7. **El cereal y la banana** son deliciosos. _(¿llos?)_ ___El___ son deliciosos.

8. **El actor** es famoso. ___El___ es famoso.

Now you are ready to read this conversation between three students preparing for a party:

MÓNICA Y ROSA: Hay una fiesta en la escuela. ¿Qué **preparas tú**?

ENRIQUE: **Yo preparo** la limonada. ¿Qué **preparan ustedes**?

MÓNICA Y ROSA: **Nosotras preparamos** los sandwiches. ¿Qué **prepara la profesora** de español? ¿Y qué **preparan los** otros **profesores**?

ENRIQUE: **Ella prepara** una torta y **ellos preparan** otros postres. ¿Qué **prepara Carlos**?

MÓNICA Y ROSA: **Él prepara** un plato grande para llenarlo de comida.

qué *what*

la torta *cake*
el postre *dessert*

llenarlo *to fill it*
la comida *food*

Preparar is a verb, an **-AR** verb. All of the verbs in this lesson belong to the **-AR** family because their infinitives (their basic forms) end in **-AR** and because they all follow the same rules of CONJUGATION.

CONJUGATION, what's that? CONJUGATION refers to changing the ending of the verb so that the verb agrees with the subject. We do the same in English without even thinking about it. For example, we say *I prepare* but *he prepares*. Look carefully at the forms of the verb **preparar** in bold type in the conversation and see if you can answer these questions:

To conjugate the verb (to make the subject and verb agree), which letters are

dropped from the infinitive **preparar**? ___ar___

Which endings are added to this stem for the following subject pronouns?

yo prepar ___o___	**nosotros** } **nosotras** }	**prepar** ___amos___
tú prepar ___as___	**ustedes**	**prepar** ___an___
él prepar ___a___	**ellos** } **ellas** }	**prepar** ___an___
ella prepar ___a___		

Let's see how it works. Take the verb **hablar** (*to speak*). If you want to say *I speak*, take **yo**, then remove the **-ar** from **habl***ar*, and add the ending **-o**:

habl*ar*
yo hablo   *I speak, I am speaking*

Do the same for all the other subjects:

tú habl*as*	*you speak, you are speaking* (familiar singular)
usted habl*a*	*you speak, you are speaking* (formal singular)
él habl*a*	*he speaks, he is speaking*
ella habl*a*	*she speaks, she is speaking*
nosotros habl*amos* **nosotras habl*amos***	*we speak, we are speaking*
ustedes habl*an*	*you speak, you are speaking* (plural)
ellos habl*an* **ellas habl*an***	*they speak, they are speaking*

Note that there are two possible meanings for each verb form: **yo hablo** may mean *I speak* or *I am speaking*; **tú hablas** may mean *you speak* or *you are speaking*; and so on.

Now you do one. Take the verb **pasar** (*to pass*). Remove the **-ar**, look at the subjects, and add the correct endings:

yo pas *o* _____

tú pas *as* _____

usted pas *a* _____

él pas *a* _____

ella pas *a* _____

nosotros pas *amos* _____

ustedes pas *an* _____

ellos pas *an* _____

7 An important point about the use of subject pronouns: In Spanish, the subject pronoun is often omitted if the meaning is clear. For example, you can say either **yo hablo español** or simply **hablo español**. The **yo** isn't really necessary except for emphasis, since the **-o** ending in **hablo** occurs only with the **yo** form. Another example: You can say either **nosotros trabajamos** or simply **trabajamos**, since the verb form that ends in **-amos** cannot be used with any other subject pronoun.

In fact, any subject pronoun may be omitted if it's not needed for clarity or emphasis:

—¿Dónde está Carmen? *Where is Carmen?*
—Está en el supermercado. *She is in the supermarket.*
—¿Qué hace? *What is she doing?*
—Compra leche. *She is buying milk.*

In the lessons that follow, we will sometimes omit the subject pronoun.

ACTIVIDADES

D. A reporter for the school newspaper is asking what you do in your Spanish class:

EXAMPLE: mirar la pizarra   Yo miro la pizarra.

1. escuchar al profesor ___yo escucho al profesor___

2. practicar el vocabulario ___yo practico el vocabulario___

3. estudiar los verbos ___yo estudio los verbos___

4. hablar en español ___yo hablo en espaul___

E. Your friends are telling you what they do on weekends:

EXAMPLE: mirar la televisión   Nosotros miramos la televisión.

1. escuchar música ___Nosotros escuchamos musica___

2. trabajar en la casa ___nosotros trabajamos en la casa___

3. visitar a los abuelos ___nosotros visitamos a los abuela___

4. comprar discos ___Nosotros compramos discos___

F. You tell a friend what he does on weekends:

EXAMPLE: mirar la televisión   Tú miras la televisión.

1. escuchar la radio ___tu escuchas___

2. comprar comida ___tu compras___

3. visitar a los amigos ___tu visitas___

4. hablar por teléfono ___tu hablas___

G. Tell what the members of the Gómez family are doing:

> EXAMPLE: Jorge / mirar la televisión
> Jorge mira la televisión.

1. María y José / hablar

María y José hablan la televisión

2. El padre / comprar el periódico

El padre compra el

3. La madre / trabajar en el jardín

la madre trabaja

4. Los tíos / tomar una limonada

los tios tomaran

5. El bebé / desear leche

el bebé desea

6. Los abuelos / escuchar un programa

los abuelos escuchan

Here are some more activities:

bailar

buscar

caminar

cantar

contestar

entrar

llegar   **preguntar**   **usar**

___ ACTIVIDADES _____

H. Here are ten Spanish "action words." Tell who "is doing the action" by writing every pronoun that can be used with the verb. Then write what each verb means. Follow the example:

<u>   usted, él, ella   </u> habla   <u>   you speak, he speaks, she speaks   </u>

1. _____ contesto   _____

2. _____ llegas   _____

3. _____ cantan   _____

4. _____ caminamos   _____

5. _____ entro   _____

6. _____ buscan   _____

7. _____ trabaja   _____

8. _____ usan   _____

9. _____ pregunto   _____

10. _____ bailas   _____

I. Write the form of the verb that is used with each subject:

EXAMPLE: hablar: yo <u> hablo </u>.

1. usar: yo _____

   2. mirar: tú _____

   3. contestar: él _____

   4. preguntar: ella _____

   5. buscar: usted _____

   6. cantar: nosotras _____

   7. practicar: ustedes _____

   8. llegar: ellos _____

   9. entrar: Alberto y yo _____

   10. tomar: María y Pedro _____

J. Match the descriptions with the correct pictures:

Ellas preparan la comida.	**Usted compra una bicicleta.**
Los muchachos estudian español.	**Ustedes entran en el cine.**
Él mira el mapa.	**Tú llegas a la casa.**
Nosotros bailamos en la fiesta.	**Yo pregunto en la clase.**
El alumno busca un libro.	**La muchacha practica la guitarra.**

1. _____   **3.** _____

2. _____   **4.** _____

5. _____

8. _____

6. _____

9. _____

7. _____

10. _____

K. Here's a description of what some people are doing. Complete the sentences by adding the correct Spanish verb form:

1. (listen) Los alumnos _____ al profesor.

2. (buy) Yo _____ un sandwich en la cafetería.

3. (enter) Nosotros _____ en el teatro.

4. (arrive) Pedro _____ a la estación.

5. (visit) Ustedes _____ a Juan.

6. (look for) Tú _____ un libro interesante.

7. (sing) El muchacho _____ en español.

8. (dance) María _____ bien.

9. (work) Usted _____ en un hotel.

10. (take) Yo _____ el autobús.

11. (prepare) Pablo y María _____ la lección.

12. (walk) Tú _____ a la escuela.

9 Look at the following sentences:

Yo contesto.

Yo no contesto.

Pedro baila.

Ricardo no baila.

Ellos estudian.

Ellos no estudian.

Do you see what we have done? If you want to make a sentence negative in

Spanish, which word is placed directly before the verb? _____ If you wrote **no**, you are correct.

No matter what we say in English (*doesn't, don't, aren't, won't,* and the like), in Spanish the rule is always the same: To make a sentence negative, use **no** before the verb:

Tú *no* hablas español. } *You don't speak Spanish.*
 You aren't speaking Spanish.

Yo *no* camino a la escuela. } *I don't walk to school.*
 I'm not walking to school.

Ella *no* compra una blusa. } *She doesn't buy a blouse.*
 She isn't buying a blouse.

___ ACTIVIDAD _____

L. You like to contradict your older brother. Change the following statements he makes and write the English meaning of each negative sentence on the line below it:

EXAMPLE: Juan baila bien.   Juan **no** baila bien.
 John doesn't dance well.
 John isn't dancing well.

1. Ella practica el piano. _____

_____

2. Nosotros trabajamos en el jardín. _____

_____

3. Tú contestas el teléfono. _____

_____

4. Ellos escuchan la radio. _____

_____

5. Ustedes usan lápices. _____

_____

6. Usted compra el periódico. _____

_____

7. El avión llega al aeropuerto. _____

_____

8. Yo estudio en la universidad. _____

_____

9. Jaime desea estudiar español. _____

_____

 ¡Magnífico! You now know how to make a Spanish sentence negative. But do you know how to ask a question in Spanish? It's just as simple. Look at the following sentences:

Usted toma el autobús.	*¿Toma usted el autobús?*
Ella canta en español.	*¿Canta ella en español?*
Pedro desea trabajar.	*¿Desea Pedro trabajar?*
Los muchachos compran discos.	*¿Compran los muchachos discos?*

What did we do? We put the subject (**usted, ella, los alumnos, Pedro** — or any other) after the verb when we ask a question. Observe that we do not use *do, does, am, are, is* in Spanish. You have probably also noticed that, in addition to the regular question mark at the end, an upside-down question mark is placed at the beginning of a Spanish question. That's all there is to it.

___ ACTIVIDADES _____

M. Match the English meanings in the right column with the Spanish sentences in the left column. Write the matching letter in the space provided:

1. Usted no usa tiza. _____

2. ¿Estudia usted mucho? _____

3. ¿Bailan ustedes bien? _____

4. Ella no contesta en la clase. _____

5. ¿Es inteligente el perro? _____

6. ¿Trabajan ellos en la casa? _____

7. ¿Hay un diccionario en la clase? _____

8. ¿Escuchas tú la radio? _____

9. ¿Desea usted visitar la universidad? _____

10. ¿Pasa el tren ahora? _____

11. El actor no es famoso. _____

12. ¿Canta él? _____

13. ¿Desean ustedes entrar? _____

14. Ellos no hablan inglés. _____

15. Mi profesor no habla mucho. _____

a. Do you want to come in?
b. They don't speak English.
c. Is there a dictionary in class?
d. You don't use chalk.
e. Do you want to visit the university?
f. Do you study a lot?
g. The actor is not famous.
h. My teacher doesn't talk a lot.
i. Do you dance well?
j. She doesn't answer in class.
k. Is the train passing now?
l. Is the dog intelligent?
m. Do they work at home?
n. Are you listening to the radio?
o. Does he sing?

N. You have an earache and can't hear very well today. You have to question everything you hear. Change the following statements to questions:

1. La profesora entra en la clase.

_____

2. Tú trabajas en un banco.

_____

3. Josefina es inteligente.

_____

4. La madre prepara la comida.

_____

5. Ustedes compran un auto.

_____

6. Los tíos llegan al hotel.

_____

7. Nosotras contestamos bien.

_____

8. Usted desea bailar.

_____

9. El hermano visita a la familia.

_____

O. Change the sentences in Actividad N to the negative:

1. _____

2. _____

3. _____

4. _____

5. _____

6. _____

7. _____

8. _____

9. _____

Here's a short story. Could you solve this doctor's problem?

En los Estados Unidos el automóvil es muy importante. Los hombres y las mujeres usan automóviles para ir al trabajo, al cine o de compras.

ir *to go*   **al** *to the*
el trabajo *work*
de compras *shopping*

El doctor Rivera usa el automóvil para visitar a los pacientes en casa y en el hospital. Cuando el automóvil tiene problemas, el doctor lleva el automóvil al garaje.

cuando *when*
tiene *has*
llevar *to take*

DOCTOR RIVERA.—Buenas tardes, Lorenzo. Mi automóvil usa mucha gasolina. ¿Cuál es el problema?

buenas tardes *good afternoon*

LORENZO.—Buenas tardes, doctor Rivera. El motor no tiene problemas, pero usted sí. Todos los automóviles grandes usan mucha gasolina. Los automóviles pequeños tienen motores pequeños y no usan mucha gasolina.

pequeño *small*
tienen *have*

DOCTOR RIVERA.—Entonces, ¿qué necesito?

necesitar *to need*

LORENZO.—La solución es muy fácil. Usted necesita comprar un automóvil pequeño.

_ ACTIVIDAD _

P. Answer the following questions in Spanish:

1. ¿Es importante el automóvil en los Estados Unidos?

   _____

2. ¿Usan automóviles los muchachos pequeños?

   _____

3. ¿Usa mucha gasolina un automóvil pequeño?

   _____

4. ¿Qué problemas tiene el automóvil del doctor Rivera?

   _____

5. ¿Qué necesita el doctor Rivera?

   _____

CONVERSACIÓN

Vocabulario

Hola. *Hello.*
¿Qué tal? *How's everything!*
Regular. *So-so*

muy bien *very good*
todos los días *every day*
ahora *now*

PREGUNTAS PERSONALES

Answer these questions about yourself:

1. ¿Hablas mucho por teléfono?

_____

2. ¿Estudias las lecciones en la casa?

_____

3. ¿Miras la televisión todos los días?

_____

4. ¿Contestas bien en la clase?

_____

5. ¿Tomas el autobús para ir a la escuela?

_____

INFORMACIÓN PERSONAL

¡Felicitaciones! Congratulations! The senior class has just chosen you as the student most likely to succeed. Tell your friends what you do (or don't do) to make you so successful. Start each sentence with **Yo** . . . or **Yo no** . . .

EXAMPLE: Yo escucho con atención cuando la profesora habla.

1. _____

2. _____

3. _____

4. _____

5. _____

6. _____

DIÁLOGO

Fill in what the second person in the dialog would say. Choose from the following list:

> Hasta luego, Gloria.
> Sí. Ahora los alumnos entran en la clase. Adiós.
> El español es mi clase favorita.
> Aquí están mi lápiz, mi pluma y mi diccionario.
> Bien, gracias. ¿Y tú?
> Sí, hablamos español todos los días.

CÁPSULA CULTURAL

Hola, ¿qué tal?

Hispanics customarily shake hands more frequently than Americans when greeting each other. In general, people shake hands every time they meet and every time they part. Among most Hispanics, it is also common for women to kiss on the cheek and for men to embrace.

There are many ways to say hello and good-bye. If you meet a friend, you say **Hola, ¿qué tal?** (*Hello, how's everything?*) or **¿Cómo estás?** (*How are you?*). If you meet a teacher, it's more appropriate to say **Buenos días** (*Good morning*) or **Buenas tardes** (*Good afternoon*), **¿Cómo está usted?** (*How are you?*). **Adiós** (*Good-bye*) or **Hasta luego, Hasta la vista** (*So long, See you later*), **Hasta mañana** (*See you tomorrow*), **Hasta pronto** (*See you soon*) can be used in any situation. Young people in many places also use the Italian word **Ciao** (pronounced "chao" or "chau") to say good-bye.

Repaso I
(Lecciones 1–4)

Lección 1

Nouns in Spanish are either masculine or feminine. The definite article (English *the*) before masculine nouns is **el** and before feminine nouns **la:**

el muchacho	*la* muchacha
el hombre	*la* mujer

Lección 2

a. To make Spanish nouns ending in a vowel (**a, e, i, o, u**) plural, add **s** to the singular form. The definite article (*the*) before masculine plural nouns is **los** and before feminine plural nouns **las:**

el gato	*los* gatos
la casa	*las* casas

b. If a Spanish noun ends in a consonant, add **es** to form the plural:

el doctor	los doctor*es*
la mujer	las mujer*es*

Lección 3

There are two ways to say *a* or *an* in Spanish:

un is used before a masculine singular noun:

un alumno
un lápiz

una is used before a feminine singular noun:

una alumna
una silla

Lección 4

a. The subject pronouns are:

yo (*I*)   nosotros, nosotras (*we*)
tú (*you*, familiar)
usted (*you*, formal)   ustedes (*you*, plural)
él (*he, it*)   ellos (*they*)
ella (*she, it*)   ellas (*they*)

b. In order to have a correct verb with each subject, the infinitive of the verb is changed so that the verb form agrees with the subject pronoun or noun. Drop the ending **-ar** and add the endings that belong to the different subjects. This step is called CONJUGATION.

EXAMPLE: **mirar**

If the subject is **yo** add **o** to the remaining stem: **yo** mir*o*
tú **as** **tú** mir*as*
usted **a** **usted** mir*a*
él **a** **él** mir*a*
ella **a** **ella** mir*a*
nosotros } **amos** **nosotros** } mir*amos*
nosotras **nosotras**
ustedes **an** **ustedes** mir*an*
ellos } **an** **ellos** } mir*an*
ellas **ellas**

We have just conjugated the verb **mirar** in the present tense.

c. To make a sentence negative in Spanish, that is, to say that a subject does not do something, put **no** directly before the verb:

Enrique *no* habla inglés.
Nosotros *no* deseamos bailar.

d. To ask a question, put the subject after the verb. An inverted question mark is placed at the beginning of a question:

¿*Canta Enrique* en español?
¿*Compra usted* los sandwiches?

64   Repaso I

___ ACTIVIDADES _____

A. How many of the words describing the pictures in the puzzle below do you remember? Fill in the Spanish words, then read down the first column of letters to find the word for what all languages consist of:

1. _ _ _ _ _

2. _ _ _ _ _ _ _ _ _ _

3. _ _ _ _ _

4. _ _ _ _ _ _ _

5. _ _ _ _ _

6. _ _ _ _

7. _ _ _ _ _ _ _ _ _ _ _

8. _ _ _ _

B. **Buscapalabras.** Find 18 Spanish nouns hidden in this puzzle. Circle them in the puzzle and list them below. The words may be read from left to right, right to left, up or down, or diagonally:

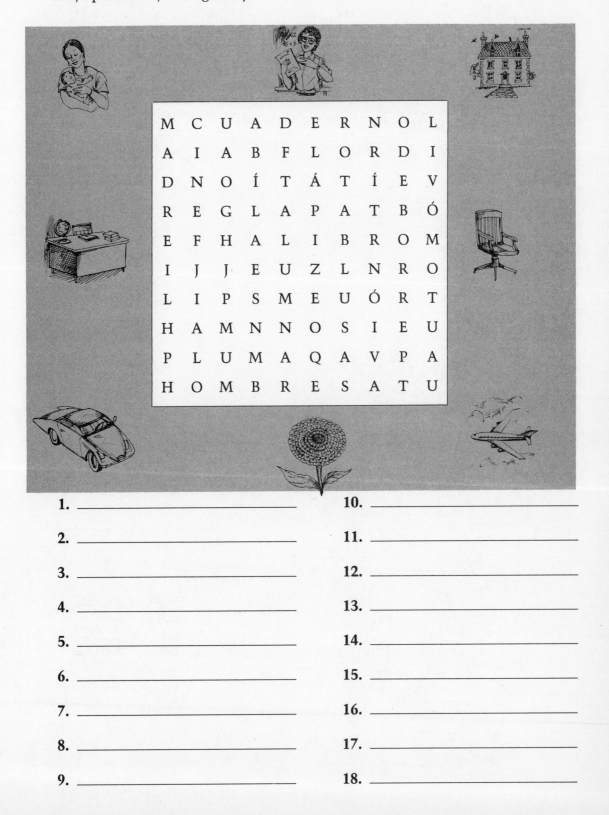

```
M C U A D E R N O L
A I A B F L O R D I
D N O Í T Á T Í E V
R E G L A P A T B Ó
E F H A L I B R O M
I J J E U Z L N R O
L I P S M E U Ó R T
H A M N N O S I E U
P L U M A Q A V P A
H O M B R E S A T U
```

1. _____   10. _____

2. _____   11. _____

3. _____   12. _____

4. _____   13. _____

5. _____   14. _____

6. _____   15. _____

7. _____   16. _____

8. _____   17. _____

9. _____   18. _____

C. Here are ten pictures of people doing things. Describe each picture, using the correct form of one of the following verbs:

bailar	entrar	mirar	tomar
cantar	escuchar	practicar	trabajar
comprar	estudiar	preguntar	usar
contestar	hablar	preparar	visitar

1. Mi amigo _____ mucho.

4. Rosa y María _____ por teléfono.

2. Nosotros _____ en la fiesta.

5. Yo _____ todos los días.

3. Los alumnos _____ el diccionario de español.

6. Mi madre _____ comida en el supermercado.

7. Ustedes _____
en el cine.

9. Los hombres _____
en un banco.

8. Ellos _____
música de rock.

10. Tú _____
un sandwich.

D. Acróstico. Using the clues on the left, write Spanish words that begin with the letters in the word **televisor** (*television set*).

clue								
you (familiar)	T							
to study	E							
pencil	L							
to go in, enter	E							
to visit	V							
important	I							
young lady	S							
ordinary	O							
fast	R							

E. **Oficina de objetos perdidos** (*Lost and Found*). You are working in a lost-and-found office. The following objects have been brought in. List them below in Spanish:

1. _____   8. _____

2. _____   9. _____

3. _____   10. _____

4. _____   11. _____

5. _____   12. _____

6. _____   13. _____

7. _____   14. _____

F. Picture Story. Can you read this story? Much of it is in picture form. When you come to a picture, read it as if it were a Spanish word:

Carlos es un muchacho de . Él habla español en . La

 de Carlos se llama Alicia; el se llama Alberto. El padre

es ; él trabaja en un . Él usa su para ir al

 y visitar a los . La madre de Carlos es

 . Ella trabaja en una moderna.   Carlos estudia

en una grande. En la clase él usa muchas cosas: un

una , un y un . Terror y Tigre son dos

animales de Carlos. Terror es un y Tigre es un

Segunda Parte

5 *Uno, dos, tres . . .*

How to Count in Spanish

1 Repeat the numbers aloud after your teacher:

0 cero

1 uno	**11 once**	**21 veinte y uno**
2 dos	**12 doce**	**22 veinte y dos**
3 tres	**13 trece**	**23 veinte y tres**
4 cuatro	**14 catorce**	**24 veinte y cuatro**
5 cinco	**15 quince**	**25 veinte y cinco**
6 seis	**16 diez y seis**	**26 veinte y seis**
7 siete	**17 diez y siete**	**27 veinte y siete**
8 ocho	**18 diez y ocho**	**28 veinte y ocho**
9 nueve	**19 diez y nueve**	**29 veinte y nueve**
10 diez	**20 veinte**	**30 treinta**

NOTE: **Uno** and combinations of **uno** (**veinte y uno, treinta y uno,** etc.) become **un** before a masculine noun and **una** before a feminine noun:

veinte y *un* hombres
treinta y *una* muchachas

2 **Una canción de aritmética**   la canción *song*

Dos y dos son cuatro,
Cuatro y dos son seis,
Seis y dos son ocho,
Y ocho, diez y seis.

Y ocho, veinte y cuatro,
Y ocho, treinta y dos,
Así es la aritmética,   **así** *so, thus*
Un genio soy yo.   **yo soy** *I am*

ACTIVIDADES

A. Match the Spanish number with the numeral and write it in the space provided:

1. tres	3	9. veinte y uno	21	14
				20
2. catorce	14	10. quince	15	11
				8
3. siete	7	11. doce	12	1
				21
4. diez	10	12. cinco	5	12
				5
5. veinte	20	13. dos	2	3
				2
6. ocho	8	14. diez y nueve	19	10
				16
7. diez y seis	16	15. once	11	15
				7
8. uno	1			19

B. La telefonista. The telephone operator would like you to repeat some numbers in Spanish. You reply:

Señorita, necesito el número . . .

1. 852 6910   ocho–cinco–dos–seis–nueve–uno–cero
2. 780 5802   siete ocho cero cinco ocho cero dos
3. 596 9113   cinco nueve seis nueve uno uno tres
4. 486 3739   cuatro ocho seis tres siete tres nueve
5. 435 8720   cuatro tres cinco ocho siete dos cero
6. 671 0429   seis siete uno cero cuatro dos nueve

C. Laura wants to play the lottery and she has made a list of her lucky numbers. Write them in Spanish in the space provided:

33   treinta y tres
25   veinte y cinco

17 _____ diez y siete _____
29 _____ veinte y nueve _____
14 _____ ~~deela~~ catorce _____
11 _____ once _____
18 _____ diez y ocho _____
13 _____ trece _____
36 _____ treinta y seis _____
12 _____ doce _____
22 _____ veinte y dos _____
31 _____ treinta y uno _____

D. Your teacher will read some numbers to you. Write the numeral for the number you hear:

EXAMPLE: You hear: **veinte**.　You write: **20**

1. _____　　5. _____　　8. _____

2. _____　　6. _____　　9. _____

3. _____　　7. _____　　10. _____

4. _____

E. You will hear a number in English. Write out the number in Spanish:

1. _____　　6. _____

2. _____　　7. _____

3. _____　　8. _____

4. _____　　9. _____

5. _____　　10. _____

3 Now that you know the Spanish words for the numbers 1 to 30, let's try some arithmetic in Spanish. First you have to learn the following expressions:

y	and, plus (+)	**dividido por**	divided by (÷)
menos	minus (−)	**son**	are, equals (=)
por	times (×)	**es**	is, equals (=)

EXAMPLES: $3 + 2 = 5$ **tres y dos son cinco**
$4 - 3 = 1$ **cuatro menos tres es uno**
$4 \times 4 = 16$ **cuatro por cuatro son diez y seis**
$10 \div 2 = 5$ **diez dividido por dos son cinco**

__ ACTIVIDADES __

F. Read the following numbers in Spanish. Then write out each problem in numerals:

1. Quince menos dos son trece. $15 - 2 = 13$

2. Once y diez son veinte y uno. $11 + 10 = 21$

3. Seis por cinco son treinta. $6 \times 5 = 30$

4. Doce dividido por tres son cuatro. $12 \div 3 = 4$

5. Catorce dividido por dos son siete. $14 \div 2 = 7$

6. Nueve y once son veinte. $9 + 11 = 20$

7. Diez y seis menos quince es uno. $16 - 15 = 1$

8. Ocho por tres son veinte y cuatro. $8 \times 3 = 24$

9. Trece por dos son veinte y seis. $13 \times 2 = 26$

10. Cinco y ocho y doce son veinte y cinco. $5 + 8 + 12 = 25$

Hasde you know when (y) joins a number or is plus (+)

G. Write the following examples in Spanish, then read them aloud:

1. 21 + 3 = 24 _____ viente y uno y tres son viente y cuatro_
2. 19 − 2 = 17 _diezy nueve menos dos son diez y siete_
3. 4 × 7 = 28 _cuatro por siete son viente y ocho_
4. 8 ÷ 4 = 2 _ocho dividido por cuatro son dos_
5. 12 + 3 = 15 _doce y tres son quince_
6. 30 − 5 = 25 _treinta menos cinco son viente y cinco_
7. 4 × 5 = 20 _cuatro por cinco son viente_
8. 16 ÷ 2 = 8 _diez y seis dividido por dos son ocho_
9. 10 + 9 = 19 _diez y nueve son diez y nueve_   ✗
10. 28 − 7 = 21 _viente y ocho menos siete son viente y uno_

H. Complete these sentences in Spanish:

1. Tres y siete son _diez_ .
2. Cuatro menos tres es _uno_ .
3. Dos por dos son _cuatro_ .
4. Tres dividido por tres es _uno_ .
5. Diez y cinco son _quince_ .
6. Diez menos cinco son _cinco_ .
7. Diez dividido por cinco son _dos_ .
8. Uno por uno es _uno_ .
9. Doce menos once es _uno_ .
10. Diez y siete son _diez y siete_ .

4. The scene of this story is a grocery store, where Roberto and his sister Rosita want to buy some candy. Read on to find out how they do it. But first make sure you know your numbers, because there are many in the story:

PERSONAJES: Roberto, un niño de 11 años
Rosita, una niña de 9 años
El tendero   **el tendero** *shopkeeper*

Roberto y Rosita entran en la tienda.   **la tienda** *store*

TENDERO:—Buenos días, niños. ¿Qué desean ustedes?

ROBERTO:—Deseamos un chocolatín grande.   **el chocolatín** *chocolate bar,*
¿Cuánto cuesta? 1.00   30 cents   *piece of chocolate*
TENDERO:—Cuesta un dólar treinta centavos.   **cuánto** *how much*

ROBERTO:—¿Un dólar treinta centavos? ¡Es mucho
dinero!   **el dinero** *money*

TENDERO:—No, no es mucho. Es un chocolatín muy
fino.

ROBERTO:—¡Está bien! Aquí tengo un dólar. Necesito   **está bien** *all right* **aquí** *here*
treinta centavos. (Contando)Cinco y cinco son diez   **el centavo** *cent*
y diez son veinte centavos. Tengo veinte centavos.   **contando** *counting*
20 cents
¿Acepta usted un dólar veinte centavos, señor?

TENDERO:—No, lo siento. El chocolatín cuesta un   **lo siento** *I'm sorry*
dólar treinta centavos.
¿ coins
ROSITA:—Mira. Yo tengo aquí seis monedas.   **la moneda** *coin*

ROBERTO:—¡Perfecto! Veinte, veinte y uno, veinte y
dos, veinte y tres, veinte y cuatro, veinte y cinco y
cinco son treinta.

TENDERO:—¡Exacto! Muchas gracias, niños.   **muchas gracias** *thanks a lot*
ROSITA Y ROBERTO:—De nada, señor. Adiós.   **de nada** *you're welcome*

ACTIVIDADES

I. Complete these sentences, which are based on the conversation you have just read:

1. Roberto es un niño de ___ Once 11 _____ años.

2. Rosita es una niña de ___ Nueve 9 _____ años.

3. El tendero pregunta: ___ ¿ Que desean ustedes? _____.

Deseamos un chocolatín grande.

4. Roberto y Rosita contestan: ___ Cuánto cuesta? - too much? ___
answer

5. El chocolatín cuesta ___ Un dólar treinta centavos ___.

6. Roberto pregunta al tendero: ___ ¿Acepta usted un dólar viente centavos, señor? ___

7. Roberto cuenta: veinte, veinte y uno ___ viente y dos, vienta y tres, vienta y cuatro, vienta y cinco and cinco son treinta! ___

8. Roberto y Rosita compran ___ un chocolatín grande ___.
bought

J. You were asked to make a list of the number of students in your classes. How many students are there in each class? How many boys and girls? Write the numbers in Spanish:

CLASE	NÚMERO DE ALUMNOS	NÚMERO DE MUCHACHOS	NÚMERO DE MUCHACHAS
Matemáticas	29 viente y nueve	15 quince	14 catorce
Español	25 viente y cinco	6 seis	19 diez y nueve
Historia	26 viente y seis	13 trece	13 trece
Biología	21 vienty uno	11 once	10 diéz
Inglés	30 treinta	18 diez y ocho	12 doce
Arte	17 diez y siete	9 nueve	8 ocho

CONVERSACION

Vocabulario

más	more	**a**	to
Vamos	Let's go		

PREGUNTAS PERSONALES

1. ¿Compras chocolatines en la tienda o en el supermercado?

en la tienda

2. ¿Cuánto cuesta un chocolatín grande y fino?

Cuesta un dolán

3. ¿Cuánto dinero necesitas tú para ir al cine?

cinco dólar

INFORMACIÓN PERSONAL

Your school requires that every student fill out an I.D. card. Supply the following information in Spanish, writing out all the numbers:

1. Edad (*age*): Tengo _trenta y seis_ años.

2. En mi familia hay _cuatro_ personas.

3. Tengo _uno_ hermanos.

4. Tengo _cero_ hermanas.

5. Tengo un hermano de _trenta y siete_ años.

6. Tengo una hermana de _____ años.

7. Mi número de teléfono es _seis dos cero - nueve dos cinco cuatro_ .

8. El número de mi casa es _ocho_ .

9. En la casa hay _uno_ animal(es).

DIÁLOGO

Complete this conversation. Use some of the following expressions:

Necesito dinero.   Es una buena idea.
Vamos a la tienda.   Aquí tengo 25 centavos.
¡Estupendo!   Cuesta un dólar.

CÁPSULA CULTURAL

El dinero

If you want to buy things in the United States, you use dollars (**dólares**). But if you are planning to travel to a Hispanic country, you will have to find out what the national currency is. Hispanic countries share a common language and some common cultural traits, but they are far from similar. One of the things they don't share is their currency. Even in countries where the currency has the same name, it does not have the same value. Here are the names of the monetary units of some countries:

el peso	Mexico, Colombia, Cuba, Dominican Republic, Chile, Argentina
la peseta	Spain
el córdoba	Nicaragua
el bolívar	Venezuela
el sol	Perú

Check your local newspaper for the latest information on how much each currency is worth today in U.S. dollars.

Foreign Exchange

	Fgn. currency in dollars		Dollar in fgn. currency			Fgn. currency in dollars		Dollar in fgn. currency	
f-Argent (Peso)	1.0300	1.0100	.9700	.9900	Japan (Yen)	.007434	.007527	134.52	132.85
Australia (Dollar)	.7690	.7700	1.3004	1.2987	30-day fwd	.007429	.007523	134.60	132.93
Austria (Schilling)	.0860	.0865	11.63	11.56	60-day fwd	.007426	.007520	134.67	132.98
c-Belgium (Franc)	.0296	.0295	33.83	33.89	90-day fwd	.007423	.007519	134.71	133.00
Brazil (Cruzeiro)	.00052	.00051	1909.64	1956.99	Jordan (Dinar)	1.4874	1.4874	.67230	.67230
Britain (Pound)	1.7245	1.7365	.5799	.5759	Lebanon (Pound)	.000840	.000840	1190.00	1190.00
30-day fwd	1.7145	1.7265	.5833	.5792	Malaysia (Ringgit)	.3876	.3875	2.5800	2.5805
60-day fwd	1.7052	1.7180	.5864	.5829	z-Mexico (Peso)	.000326	.000326	3067.00	3067.00
90-day fwd	1.6959	1.7090	.5897	.5851	Nethrlnds(Guilder)	.5404	.5394	1.8505	1.8540
Canada (Dollar)	.8396	.8410	1.1910	1.1891	N. Zealand (Dollar)	.5455	.5475	1.8332	1.8265
30-day fwd	.8375	.8390	1.1941	1.1919	Norway (Krone)	.1541	.1549	6.4900	6.4540
60-day fwd	.8356	.8370	1.1968	1.1947	Pakistan (Rupee)	.0402	.0402	24.85	24.85
90-day fwd	.8335	.8349	1.1997	1.1977	y-Peru (New Sol)	1.0743	1.0743	.9300	.9300
y-Chile (Peso)	.002940	.002929	340.15	341.38	z-Philpins (Peso)	.0412	.0412	24.30	24.30
China (Yuan)	.1831	.1831	5.4618	5.4618	Portugal (Escudo)	.007022	.007055	142.40	141.75
Colombia (Peso)	.001760	.001760	568.23	568.23	Saudi Arab (Riyal)	.2667	.2667	3.7495	3.7495
Denmark (Krone)	.1559	.1567	6.4145	6.3810	Singapore (Dollar)	.6042	.6048	1.6550	1.6535
z-Ecudr (Sucre)	.000773	.000773	1294.01	1294.01	So. Korea (Won)	.001291	.001291	774.60	774.60
ECU	1.24300	1.24300	.8045	.8045	So. Africa (Rand)	.3481	.3478	2.8725	2.8750
d-Egypt (Pound)	.3111	.3111	3.2144	3.2144	Spain (Peseta)	.009615	.009606	104.00	104.10
Finland (Mark)	.2217	.2228	4.5105	4.4890	Sweden (Krona)	.1666	.1676	6.0030	5.9665
France (Franc)	.1783	.1793	5.6075	5.5765	Switzerlnd (Franc)	.6627	.6671	1.5090	1.4990
Germany (Mark)	.6057	.6084	1.6510	1.6436	30-day fwd	.6600	.6643	1.5152	1.5053
30-day fwd	.6028	.6054	1.6589	1.6517	60-day fwd	.6574	.6619	1.5211	1.5108
60-day fwd	.6001	.6028	1.6665	1.6589	90-day fwd	.6551	.6595	1.5264	1.5162
90-day fwd	.5974	.6002	1.6739	1.6662	Taiwan (NT $)	.0396	.0396	25.23	25.27
Greece (Drachma)	.005221	.005245	191.55	190.65	Thailand (Baht)	.03905	.03905	25.61	25.61
Hong Kong (Dollar)	.1292	.1292	7.7380	7.7375	Turkey (Lira)	.000162	.000162	6179.00	6161.00
y-India (Rupee)	.0343	.0346	29.155	28.902	U.A.E. (Dirham)	.2723	.2723	3.6727	3.6727
Indnsia (Rupiah)	.000497	.000497	2011.51	2011.51	f-Uruguay (Peso)	.000358	.000358	2797.01	2797.01
Ireland (Punt)	1.6115	1.6205	.6205	.6171	z-Venzuel (Bolivar)	.0154	.0154	64.9000	64.9500
Israel (Shekel)	.4212	.4144	2.3739	2.4130	Yugoslav (Dinar)	.00712	.00712	140.42	140.42
Italy (Lira)	.000803	.000806	1246.00	1240.00					

If you go shopping in a Spanish-speaking country, you may see labels like these in a store window: 30,25   4,50   21,15. If they look strange, it's because Spanish uses a comma where English uses a period, and vice versa. One thousand in Spanish is 1.000.

6 *¿Qué hora es?*

Telling Time in Spanish

1 ¿Qué hora es?

Es la una.

Son las dos.

Son las tres.

Son las cuatro.

Son las cinco.

Son las seis.

Now see if you can do the rest:

_____   _____   _____

_____   _____   **Es mediodía** (*noon*)
Es medianoche (*midnight*).

2 How do you say "What time is it?" in Spanish? _Que hora es_

How do you express "it is" when saying "it is one o'clock"? _Es la una_

How do you express "it is" when saying any other hour? _Son las_

Note that, unlike English, Spanish uses the definite article before the hour.

How do you say "it is noon"? _es mediodía_

How do you say "it is midnight"? _es medianoche_.

3 Now study these:

Es la una y veinte.   **Son las dos y diez y seis.**

**Son las cuatro
y veinte y cinco.**   **Son las nueve y diez.**

How do you express time after the hour? _____ _y_ _____

That's right. To express time AFTER the hour, use **y** and add the number of minutes.

4 How would you say:

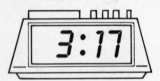

_____

_____

_____

Son las doce y veinte

es la una y trece

Son las once y diez

Son las siete y cinco

 Now study these:

Son las once menos cinco.

Son las tres menos veinte.

**Son las diez menos
veinte y nueve.**

Es la una menos doce.

How do you express time before the hour? _____
That's right. To express time BEFORE the next hour, use **menos** and subtract
the number of minutes from that next hour.

How would you express:

_____

_____

_____

_____

_____

_____

_____

7 Now study these:

Es la una y cuarto.

Es la una menos cuarto.

Son las cinco y cuarto.

Son las cinco menos cuarto.

What is the special word for "a quarter"? _____

How do you say "a quarter after"? _____

How do you say "a quarter to"? _____

How would you express:

_____

_____

_____

_____

_____

_____

8 Now study these:

Son las cinco y media.

Es la una y media.

What is the special word for "half past"? _____

How do you express "half past the hour"? _____

How would you say?

_____

_____

_____

_____

__ ACTIVIDADES _____

A. Write out these times in numbers:

EXAMPLE: Son las dos.   2:00

1. Es la una menos veinte y cinco. _____

2. Son las once y cuarto. _____

3. Es mediodía. _____

4. Son las diez menos once. _____

5. Son las nueve y cinco. _____

6. Es la una y media. _____

7. Son las tres y veinte. _____

8. Son las doce menos cuarto. _____

B. Here are some clocks. What time does each show?

1. _____   2. _____

3. _____

7. _____

4. _____

8. _____

5. _____

9. _____

6. _____

10. _____

C. Here are some broken clocks. Each one has the minute hand missing. Can you put it back according to the correct time?

1. Son las dos.

4. Son las nueve y once.

7. Son las cuatro y media.

2. Son las tres y cuarto.

5. Son las seis menos veinte y cinco.

8. Son las once y cinco.

3. Son las cinco menos diez.

6. Es medianoche.

9. Es la una y cuarto.

 Now you know what to say when someone asks **¿Qué hora es?** But how do you reply if someone asks **¿A qué hora?** (*At what time?*)? Look at these questions and answers:

¿A qué hora llegas a la escuela?
Llego a la escuela *a las ocho*.

At what time do you arrive at school?
I arrive at school at eight o'clock.

¿*A qué hora* preparas las tareas?   *At what time do you prepare your*
                                             homework?

Preparo las tareas *a las cinco y*   *I prepare my homework at five thirty.*
media.

If you want to express "at" a certain time, which Spanish word do you use

before the time? _____

If you want to be more specific about the time of day, here is what you do:

Yo tomo el autobús a las siete y media *de la mañana* para ir a la escuela.
Mi padre llega del trabajo a las seis *de la tarde*.
Nosotros miramos la televisión a las ocho *de la noche*.

How do you express "in the morning" or "A.M." in Spanish? _____

How do you express "in the afternoon" or "P.M."? _____

How do you express "in the evening" _____

___ ACTIVIDADES _____

D. Here are some daily activities. Choose the most likely answer to the question
¿Qué hora es? and write it in numbers:

Es la una y media de la tarde.   Son las siete y media de la noche.
Son las siete de la mañana.   Son las cuatro de la tarde.
Son las tres de la tarde.   Son las siete y cuarto de la
                                        mañana.

1. _____ 7:00 A.M. _____   **2.** _____

Son las ocho y diez de la mañana.
Son las once de la noche.
Es la una y cuarto de la tarde.

3. _____

Son las ocho de la noche.
Son las seis de la mañana.
Son las dos de la tarde.

6. _____

Son las siete de la noche.
Son las dos de la tarde.
Es mediodía.

4. _____

Son las dos y media de la tarde.
Son las ocho y cinco de la noche.
Son las nueve menos cinco de la mañana.

7. _____

Son las tres de la tarde.
Son las once y media de la
mañana.
Son las dos menos veinte de la
tarde.

5. _____

Son las seis de la noche.
Son las diez menos diez de la noche.
Es la una de la mañana.

8. _____

Son las cuatro menos diez de la
tarde.
Es mediodía.
Son las diez y cuarto de la noche.

Es medianoche.
Son las diez y cinco de la
mañana.
Son las nueve y media de la
mañana.

9. _____   10. _____

E. You do certain things at the same time every day. Write at what time you usually
do the following:

EXAMPLE: tomar el autobús
Tomo el autobús a las siete y media de la mañana.

1. llegar a la escuela

_____

2. entrar a la clase de español

_____

3. hablar con mi amigo por teléfono

_____

4. escuchar la radio

_____

5. preparar las tareas

_____

6. llegar a la casa

_____

7. mirar mi programa favorito de televisión

_____

8. estudiar las lecciones de español

_____

F. Your school counselor has asked for your class schedule. Prepare it:

EXAMPLE: español   Mi clase de español es a las diez menos diez.

1. inglés _____

2. historia _____

3. matemáticas _____

4. música _____

5. biología _____

6. arte _____

11 Now read this dialog and answer the questions that follow:

JUAN: —Mamá, ¿qué hora es?

MAMÁ: —¿No escuchas la radio? Son las nueve y media, hijo.

JUAN: —¿Las nueve y media? Es imposible. En mi reloj son las ocho y diez.

MAMÁ: —Tu reloj no anda bien. Necesitas otro reloj. ¿Por qué no compras un reloj nuevo?

JUAN: —Sí, sí, necesito un reloj nuevo. Pero ahora es tarde y tengo un examen en mi clase de inglés hoy a las nueve.

MAMÁ: —¿Hoy? ¿Un examen de inglés? ¡Pero hoy es sábado! El sábado no hay clases en la escuela.

JUAN: —¿Es sábado hoy? ¡Qué sorpresa! Sí, gracias a Dios, es sábado.

en *on*
el reloj *watch*
tu *your*   **andar** *to go*
   bien *well*
por qué *why*
nuevo *new*
ahora *now*
tarde *late*
   hoy *today*

sábado *Saturday*

Dios *God*

___ ACTIVIDAD _____

G. Answer the questions in Spanish:

1. ¿Qué pregunta Juan a la mamá?

_____

2. ¿Qué hora es en el reloj de Juan?

_____

3. ¿Qué hora es en la radio?

_____

4. ¿Por qué necesita Juan un reloj nuevo?

_____

5. ¿En qué clase hay un examen?

_____

6. ¿Por qué no hay clases hoy?

_____

_____ PREGUNTAS PERSONALES _____

1. ¿Qué hora es ahora?

_____

2. ¿A qué hora llegas a la escuela?

_____

3. ¿A qué hora empieza (*starts*) tu clase de español?

_____

4. ¿A qué hora empieza tu clase de inglés?

_____

5. ¿A qué hora preparas las tareas?

_____

_____ INFORMACIÓN PERSONAL _____

Tell how you spend the day. Complete the sentences with an appropriate time:

1. Me despierto (*I wake up*) _____.

2. Me levanto (*I get up*) _____.

3. Me desayuno (*I eat breakfast*) _____.

4. Juego (*I play*) con mis amigos _____.

5. Me acuesto (*I go to bed*) _____.

CONVERSACIÓN

Vocabulario

en casa *at the house of*
el viernes *Friday*

tonto, tonta *silly*

DIÁLOGO

Complete the dialog using suitable expressions chosen from the following list:

¿Cuándo es la fiesta?   Es tarde.
Es sábado, tonto.   Hay una fiesta.
¿Qué hora es?   Son las siete y media.
¿Por qué?   Es viernes.

CÁPSULA CULTURAL

Las comidas

It has often been said that the people of Spain and Latin America are different from others not only in what they eat but also when they eat.

El desayuno (*breakfast*) is served between seven and nine o'clock in the morning. A typical Spanish breakfast is usually light, consisting perhaps of **churros** (*fritters*) or toast and butter and **café con leche** (*coffee with hot milk*). Sometimes hot chocolate is substituted for the coffee.

Lunch (called **el almuerzo** in Latin America and **la comida** in Spain) is the biggest meal of the day and is eaten generally between noon and 2:00 P.M. Unlike our quick sandwich and soda or fast-food burger and fries, lunch is a full meal in many places, consisting of soup, meat or fish, vegetables, salad, and dessert.

Supper (called **la cena** in Spain and **la comida** in Latin America) is not eaten earlier than 7:00 P.M. and usually not until nine or ten o'clock at night.

This meal schedule leaves a large gap of time between lunch and supper without food. How is this problem solved? We will find out in the next **Cápsula cultural**.

7 *Otras actividades*

-ER Verbs

 Vocabulario

This new group of verbs belongs to the **-ER** conjugation. Can you guess their meanings?

aprender   **beber**   **comer**

comprender   **correr**   **creer**

leer   **responder**

vender

ver

 Here are ten more actions words. You probably noticed that these verbs don't

end in **-ar** but in _____. You will recall how we made changes in **-AR** verbs by dropping the **-ar** and adding certain endings. Well, we must do the same with **-ER** verbs, but the endings are slightly different. Let's see what happens. Read the conversation, look for the **-ER** verbs, and try to spot the endings:

PEDRO: —Juan, ¿qué **lees**?

JUAN: —**Leo** una novela para mi clase de inglés. ¿Qué **leen ustedes**?

PEDRO Y LILIANA: —**Nosotros leemos** la misma no-   misma *same*
vela.

JUAN: —¿Sí? Entonces **creo** que todos **los alumnos** de   entonces *then*
la señora Rice **leen** esa novela.   esa *that*

LILIANA: —¿**Crees** eso? Carlos también estudia inglés   también *also*
con ella, pero **él** no **lee** una novela.   con *with*   pero *but*

JUAN: ¡Espera a ver su nota de inglés! La señora Rice   esperar *to wait*
siempre dice: «Si **usted** no **lee**, no **aprende**».   siempre *always*
                                                    dice *(she) says*

Look again at the conversation. Can you fill in the correct endings of the verb **leer**?

yo le _____	*I read, I am reading*
tú le _____	*you read, you are reading* (familiar singular)
usted le _____	*you read, you are reading* (formal singular)
él le _____	*he reads, he is reading*
ella le _____	*she reads, she is reading*
nosotros le _____	*we read, we are reading*
ustedes le _____	*you read, you are reading* (plural)
ellos / ellas le _____	*they read, they are reading*

Let's practice with other **-ER** verbs:

	aprender	comprender	comer
yo	_____	_____	_____
tú	_____	_____	_____
usted	_____	_____	_____
él	_____	_____	_____
ella	_____	_____	_____
nosotros	_____	_____	_____
ustedes	_____	_____	_____
ellos	_____	_____	_____
ellas	_____	_____	_____

Now let's compare an **-AR** verb with an **-ER** verb. How are they similar and how are they different?

	trabaj*ar*	com*er*
yo	trabaj*o*	com*o*
tú	trabaj*as*	com*es*
usted	trabaj*a*	com*e*
él	trabaj*a*	com*e*
ella	trabaj*a*	com*e*
nosotros	trabaj*amos*	com*emos*
ustedes	trabaj*an*	com*en*
ellos	trabaj*an*	com*en*

Notice that the **yo** form has the same ending in both the **-AR** and **-ER** verbs: **yo trabajo, yo como**. In all other forms, however, the **-AR** verbs have endings in **a** or that begin with **a** while the **-ER** verbs have endings in **e** or that begin with **e**.

___ ACTIVIDADES _____

A. You and your friends are working in a department store for the summer. What are you selling?

EXAMPLE: yo / platos
Yo vendo platos.

1. Carlos / discos   _____

2. tú / televisores   _____

3. nosotros / libros   _____

4. María y Ana / blusas   _____

5. usted / sombreros   _____

6. Rosa / bicicletas   _____

B. It's lunch time and you and your friends tell each other what you are eating:

EXAMPLE: Claudio / una banana
Claudio come una banana.

1. yo / un sandwich   _____

2. Jorge y José / frutas   _____

3. tú / una hamburguesa   _____

4. Ramona / una ensalada   _____

5. nosotros / chocolate   _____

6. usted / pollo   _____

 Before we read the story in this lesson, there are two tiny points of grammar you must learn: the contraction **al** and the personal **a**. First, the basic meaning of the preposition **a** is *to:*

Ellos caminan *a* la estación.   *They walk to the station.*
Yo corro *a* la calle.   *I run to the street.*

If the preposition **a** comes directly before the article **el** (*the*), the two words combine to form the word **al** (**a** + **el** = **al**):

Ella vende el libro *al* hombre.   *She sells the book to the man.*
(a + el hombre = *al* hombre)

There's another important use of the preposition **a**, the personal **a**. Look at these sentences:

Yo no comprendo *a* mi papá.   *I don't understand my father.*
Tú contestas *a* la profesora.   *You answer the teacher.*
Rosa ve *a* su perro.   *Rosa sees her dog.*

Which is the extra word in the Spanish sentences for which there is no equiv-

alent in the English sentences? _____ When the direct object of a verb is a person or a pet (**mi papá, la profesora, su perro**), the preposition **a** comes before the object even though the **a** has no equivalent in English. Some more examples:

Miro las casas.   *I look at the houses.*
Miro *a* los muchachos.   *I look at the boys.*

Visito la escuela.   *I visit the school.*
Visito *a* mi amigo.   *I visit my friend.*

___ ACTIVIDAD ___

C. Complete the following sentences. If the personal **a** is not needed, leave the blank empty. If **al** is needed, cross out **el:**

1. Comprendemos _____ el español.

2. Comprendemos _____ la profesora.

3. Yo no veo _____ el actor.

4. Yo no veo _____ el avión.

5. Los alumnos escuchan _____ la radio.

6. Los alumnos escuchan _____ el señor Mendoza.

7. María visita _____ la directora.

8. María visita _____ el museo.

9. No comprendo _____ mi amigo.

10. No comprendo _____ la pregunta.

7 Now we are ready to read the story:

Pepe, un muchacho de doce años, tiene un perro que se llama Lobo. Lobo es un perro muy inteligente, pero es también muy grande y come mucho. Pepe ayuda a sus padres. Él trabaja para ganar dinero y comprar la comida para Lobo. Pepe vende periódicos en la calle todos los días. Lobo espera a Pepe en la puerta de la casa y cuando ve que Pepe llega, corre a la calle. Pepe dice: —¡Lobo, corre al parque! El perro comprende y siempre responde: —¡Guau, guau! En el parque, Pepe enseña trucos a Lobo, que Lobo aprende rápidamente.

ayudar *to help*
ganar *to earn*

enseñar *to teach*
el truco *trick*

A las seis de la tarde, Pepe y Lobo entran en la casa y Pepe prepara las tareas para la escuela. Lobo comprende que Pepe necesita estudiar y espera en silencio.

___ ACTIVIDADES _____

D. Complete the sentences based on the story you have just read:

1. Pepe es un muchacho _____ años.

2. Lobo es _____ de Pepe.

3. Lobo es muy grande y _____.

4. Para ganar dinero, Pepe _____.

5. Lobo espera a Pepe _____.

6. Cuando Pepe llega, Lobo _____.

7. En el parque, Pepe _____.

8. Cuando Pepe estudia, Lobo _____.

E. Tell what each member of the family is doing. Fill in the correct forms of the verbs:

1. (visitar) Mis tíos _____ a mis padres.

2. (comer) Mi hermano _____ una banana.

3. (leer) Mi papá _____ el periódico.

4. (beber) Nosotros _____ café.

5. (escuchar) Usted _____ un programa en la radio.

6. (ver) Yo _____ a mi perro en el jardín.

7. (buscar) Tú _____ una novela para leer.

8. (correr) Los gatos _____ por la casa.

9. (practicar) Ustedes _____ la lección para mañana.

10. (aprender) El bebé _____ a caminar.

F. Change all the sentences in Actividad E to the negative:

1. _____

2. _____

3. _____

4. _____

5. _____

6. _____

7. _____

8. _____

9. _____

10. _____

G. Change all the sentences in Actividad E to questions:

1. _____

2. _____

3. _____

4. _____

5. _____

6. _____

7. _____

8. _____

9. _____

10. _____

H. Fill in the correct subject pronoun:

   EXAMPLE: _____usted, él, ella_____ habla

1. _____ buscas   6. _____ comprendo

2. _____ ven   7. _____ visitamos

3. _____ come   8. _____ llega

4. _____ trabajamos   9. _____ venden

5. _____ contesto   10. _____ crees

I. Write complete sentences with the correct Spanish form of the verb in parentheses:

1. (learn) Nosotros _____ .

2. (sell) Juanito _____ .

3. (run) Mi gato _____ .

4. (eat) Ellos _____ .

5. (answer) Mi hermana _____ .

6. (drink) Yo _____ .

7. (look at) Ustedes _____ .

8. (see) Tú _____ .

9. (buy) Los turistas _____ .

10. (study) Las alumnas _____ .

11. (understand) El muchacho _____ .

12. (read) Nosotras _____ .

J.   Match the sentences with the pictures they describe:

Nosotros leemos el periódico.   El señor Pérez vende frutas.
El bebé bebe la leche.   Tú corres por el parque.
Los perros aprenden trucos.   Julia no comprende.
Los muchachos comen en la cafetería.   Yo respondo bien en clase.

1. _____

5. _____

2. _____

6. _____

3. _____

7. _____

4. _____

8. _____

CONVERSACIÓN

Vocabulario

bonito *pretty*	**valen** *(they) are worth*
la cosa *thing*	**medio** *half*
el perrito *puppy*	**cada** *each*

DIÁLOGO

Complete the dialog using expressions chosen from the following list:

León está en casa. Él come ahora.
Oh, sí. Cuando él ve una cosa, aprende rápidamente.
¿Deseas comprar mi perro?
¡Un millón de dólares!

PREGUNTAS PERSONALES

1. ¿Crees que el español es difícil?

_____

2. ¿Respondes siempre bien en clase?

_____

3. ¿Lees novelas románticas o de aventuras?

_____

4. ¿Qué bebes en la cafetería de la escuela?

_____

5. ¿Comes mucho cereal?

_____

INFORMACIÓN PERSONAL

Your school counselor wants to find out a few things about your personality. Finish each sentence in a way that tells us something about you:

EXAMPLE: Leo muchos libros.

1. Aprendo _____.

2. Como _____.

3. Corro _____.

4. Respondo _____.

5. Trabajo _____.

6. Escucho _____.

CÁPSULA CULTURAL

Tapas anyone?

Because lunch in Spain or Latin America may be eaten as early as noon and supper not until after 9:00 P.M., a late-afternoon or early-evening snack called **la merienda** fills the long gap of time between meals.

The people of Madrid, for example, go to snack bars to feast on **tapas** — small portions of food similar to hors d'oeuvres, piled high in little dishes along the bars. A customer chooses what he likes and asks for **una ración**, a portion. One can go from snack bar to snack bar and order a glass of wine and some **tapas** in each one. Here is a sampling:

> **Gambas a la plancha** (*large grilled shrimp*)
> **Aceitunas rellenas** (*stuffed olives*)
> **Chorizos calientes** (*fried sausages*)
> **Calamares en su tinta** (*boiled squid*)
> **Tortilla de patatas** (*potato and onion omelette*)

A snack bar will sometimes give a dish a humorous name. In one place, the **pescaditos fritos** (*small fried fish or smelts*) are called "**los que no quiere el gato**" (*those which the cat doesn't want*).

Getting hungry? Be careful. Once you start nibbling on this endless variety of tasty morsels, it's very hard to stop.

8 *La descripción*

How to Describe Things in Spanish

1 Can you figure out the color of each object?

El tomate es rojo.

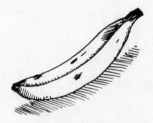

La banana es amarilla.

El gato es negro.

La leche es blanca.

El café con leche es pardo.

La naranja es anaranjada.

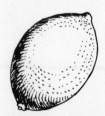

El limón es verde.

La hoja es verde.

El cielo es azul.   **La bandera es roja, blanca y azul.**

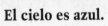

___ ACTIVIDAD _____

A. Change the words in bold type to make the sentences true:

1. El tomate es **amarillo**. _____

2. La banana es **roja**. _____

3. La leche es **anaranjada**. _____

4. La hoja es **blanca**. _____

5. El cielo es **verde**. _____

6. La naranja es **azul**. _____

7. El café con leche es **negro**. _____

8. El limón es **pardo**. _____

2 Colors are adjectives. Adjectives describe people and things. Have you been observant? How do you say in Spanish *The tomato is red?* _____

What gender is **el tomate** _____. Which letter does the Spanish masculine form of *red* end in? _____. That's right. Adjectives that end in **-o** when describing a masculine noun end in **-a** when describing a feminine noun:

> **El automóvil es *negro* (*blanco*).**   *The car is black (white).*
> **La pluma es *blanca* (*negra*).**   *The pen is white (black).*

3 What happens when the adjective doesn't end in **-o**? Let's look again at the examples:

> **El limón es *verde*.**   **La hoja es *verde*.**
> **El cielo es *azul*.**   **La bandera es roja, blanca y *azul*.**

What do you notice about the adjectives **verde** and **azul**? _____
That's right. They don't change. The rule is easy: When an adjective in the masculine ends in any letter other than **-o**, the feminine form is the same.

NOTE: There is one important exception. Most adjectives of nationality, whatever their masculine form, have feminine forms ending in **-a**:

español	**español***a*	*Spanish*
francés	**frances***a*	*French*
alemán	**aleman***a*	*German*

EXAMPLES: **Juan es** *español;* **Juana es** *española.*
Pierre es *francés;* **Monique es** *francesa.*

___ ACTIVIDAD _____

B.   **¿De qué color?** What color are some of the things you own?

1. Mi bicicleta es _____.

2. Mi libro de español es _____.

3. Mi diccionario es _____.

4. Mi cuaderno de español es _____.

5. Mi casa es _____.

6. Mi automóvil es _____.

7. Mi lápiz es _____.

8. Mi pluma es _____.

4 Colors are not the only adjectives that describe things. Here are a few more:

bonita

feo

grande

pequeño

inteligente

estúpido

rico

pobre

moreno

rubio

gordo

flaco

alto

bajo

fácil

difícil

viejo   **joven**   **nuevo**

__ ACTIVIDADES __

C. Here's a list of Spanish adjectives that are similar to English adjectives. Use each with a noun:

EXAMPLE: un hombre argentino

1. argentino _____

2. atractivo _____

3. delicioso _____

4. diferente _____

5. elegante _____

6. estúpido _____

7. excelente _____

8. famoso _____

9. horrible   _____

10. inmenso   _____

11. importante   _____

12. inteligente   _____

13. interesante   _____

14. magnífico   _____

15. moderno   _____

16. necesario   _____

17. normal   _____

18. ordinario   _____

19. perfecto   _____

20. popular   _____

21. romántico   _____

22. sociable   _____

23. tímido   _____

24. tropical   _____

D. You are making some observations about people and things. Complete the sentence with the correct form of the adjective:

1. Jorge es rico; Carmen también es _____.

2. Mi hermano es alto; mi hermana también es _____.

3. La casa es bonita; el jardín también es _____.

4. El español es fácil; la biología también es _____.

5. El taxi es amarillo; la banana también es _____.

6. La hamburguesa es deliciosa; el sandwich también es _____.

7. El presidente es importante; la secretaria también es _____.

8. La novela es magnífica; el programa también es _____.

E. You are asked to give your opinion about some people and things. Complete the sentence with the correct Spanish form of the adjective in parentheses:

1. (big) El restaurante es _____ .

2. (important) El español es una lengua _____ .

3. (difficult) La pregunta no es _____ .

4. (immense) El parque es _____ .

5. (elegant) La profesora es _____ .

6. (small) Mi madre es _____ .

7. (Spanish) La bandera es _____ .

8. (modern) Mi escuela no es _____ .

9. (fat) Mi tío es _____ .

10. (sociable) Mi hermano es muy _____ .

5 You already know that adjectives agree in gender with the nouns they describe. Now look at these sentences:

I	II
El tomate es rojo.	**Los tomates son rojos.**
La banana es amarilla.	**Las bananas son amarillas.**
La hoja es verde.	**Las hojas son verdes.**

How many things are we describing in Group I? _____ How many

things are we describing in Group II? _____ Which letter did we add to the adjective to express that we are describing more than

one? _____

Now look at these examples:

> **La bicicleta es azul.**   **Las bicicletas son azules.**
> **El muchacho es popular.**   **Los muchachos son populares.**

Which letters did we add to the adjectives to express that we are describing

more than one? _____ .

Here's the easy rule: Adjectives in Spanish agree in GENDER and NUMBER with the person or thing they describe. If the adjective ends in a vowel, add **s** in the plural. If the adjective ends in a consonant, add **es** in the plural.

One more point. Where are adjectives placed in Spanish? Usually AFTER the noun:

Tengo un lápiz *negro*.　　　　　*I have a black pencil.*
Preparo una lección *difícil*.　　*I'm preparing a difficult lesson.*
Los perros *grandes* comen mucho.　*Large dogs eat a lot.*

__ ACTIVIDADES __

F. Match the sentences with the correct pictures:

La señora rica toma un taxi.　　　La pregunta es difícil.
Usted tiene dos gatos flacos.　　　Como un sandwich delicioso.
José es bajo y María es alta.　　　Mis abuelos son viejos.
Mis hermanos son jóvenes.　　　La pizarra es inmensa.
El señor lleva un sombrero negro.　El jardín tiene rosas blancas.

1. _____

4. _____

2. _____

5. _____

3. _____

6. _____

7. _____

9. _____

8. _____

10. _____

G. Match the adjectives in the right column with the nouns in the left column. Write the matching letter in the space provided:

1. los gatos	_____	6. la calle	_____	**a.** feo	
				b. blanca	
2. las plantas	_____	7. el restaurante	_____	**c.** flacos	
				d. populares	
3. el café	_____	8. los hoteles	_____	**e.** pequeño	
				f. modernos	
4. el monstruo	_____	9. la lección	_____	**g.** negro	
				h. difícil	
5. los periódicos	_____	10. la leche	_____	**i.** tropicales	
				j. famosa	

H. Underline the adjective that correctly describes the subject:

1. La avenida es (grande, grandes).
2. Mi hermana María es (bonito, bonitos, bonita, bonitas).
3. Los hombres son (rico, rica, ricos, ricas).
4. Las lecciones son (difícil, difíciles).
5. Los árboles son (verde, verdes).
6. El gato es un animal (pequeño, pequeña, pequeños, pequeñas).
7. El señor López es un profesor (inteligente, inteligentes).
8. Yo bebo café (italiano, italiana, italianos, italianas).
9. Tengo una pluma (rojo, roja, rojos, rojas).
10. Estudio en una escuela (importante, importantes).

Here's a story with lots of adjectives:

Nueva York es una ciudad grande. En la ciudad hay muchas cosas interesantes: hoteles modernos, teatros importantes, restaurantes excelentes y parques bonitos. Un parque famoso es el Jardín Botánico. Allí hay flores y plantas de todas partes del mundo. En la primavera, el Jardín Botánico es un festival de colores. Hay flores rojas, blancas, amarillas y rosadas, plantas muy verdes y, en el centro, un lago azul. El parque es un oasis de paz en una ciudad con tránsito, mucho ruido y un gran número de problemas.

la ciudad *city*

allí *there*
el mundo *world*
la primavera *spring*
rosado *pink*

la paz *peace*
  el tránsito *traffic*
el ruido *noise*
  gran = grande

__ ACTIVIDADES _____

I. Complete the sentences based on the story you have just read:

1. Nueva York es una ciudad _____ .

2. Los hoteles de la ciudad son _____ .

3. Hay muchos teatros _____ y parques _____ .

4. El Jardín Botánico es un parque _____ .

5. Las flores del Jardín Botánico son _____ , _____ ,

   _____ y _____ .

6. El el centro del parque hay un lago _____ .

7. Es una ciudad con _____ , mucho _____ y un

   _____ número de problemas.

J. You are being interviewed for the school newspaper. Answer each question with a complete Spanish sentence:

1. ¿La ciudad de Nueva York es grande o pequeña?

   _____

2. ¿Las lecciones de español son fáciles o difíciles?

   _____

3. ¿Desea usted un automóvil grande o pequeño?

   _____

4. ¿De qué color son las hojas de los árboles en la primavera?

   _____

5. ¿El libro de español es nuevo o viejo?

   _____

6. ¿De qué color es el cielo?

   _____

7. ¿Cree usted que el chocolate es delicioso?

   _____

8. ¿Estudia usted en una escuela moderna?

   _____

9. ¿De qué color son las paredes de la clase?

   _____

10. ¿De qué color son los taxis en la ciudad?

   _____

K. You are the editor of the school yearbook. Here are the names of some friends you have to describe. Use at least three adjectives in each case:

1. Roberto es _____.

2. Daniel y Rafael son _____.

3. Dolores es _____.

4. Carmen y Ana son _____.

CONVERSACIÓN

Vocabulario

disculpe usted *excuse me*
saber *to know*
cerca de *near*
lejos de *far from*

muchísimas gracias *thank you very much*
el joven *young man*
para servirle *at your service*

PREGUNTAS PERSONALES

1. ¿De qué color es el libro de español?

   _____

2. ¿Quién (who) es popular en la clase de español?

   _____

3. ¿Crees que la clase de español es interesante?

   _____

4. ¿Crees que el perro es un animal inteligente?

   _____

5. ¿De qué color es tu flor favorita?

   _____

INFORMACIÓN PERSONAL

You want to join an exclusive club and are asked to give a brief description of yourself. Using some of the adjectives you have learned, write five sentences about yourself:

1. _____

2. _____

3. _____

4. _____

5. _____

DIÁLOGO

Complete the conversation with expressions chosen from the following list:

Ah, es el restaurante «La Alameda».
Es un restaurante excelente.
De nada, señorita.
Está cerca del parque.
Hay muchos cines aquí.
Es una ciudad con mucho tránsito.
No. Está a cinco minutos de aquí, en esa dirección.
¿Sabe Ud. en que calle está?

CÁPSULA CULTURAL

El café

In Spanish-speaking countries throughout the world, coffee is a popular beverage for the young and old alike. There are, however, many different ways of serving it.

On hot days, Spanish children often drink **un blanco y negro** — a glass of iced, sweetened black coffee with a scoop of vanilla ice cream. **Un granizado de café** is another refreshing way to beat the heat. It consists of iced coffee served over crushed ice.

For breakfast, almost everyone has **un café con leche** — a large cup filled with a little strong coffee and a large portion of hot milk.

Coffee, the way most North Americans drink it, is called **un cortado** — hot coffee with a little milk.

After meals, it is customary to have a small cup (demitasse) of very strong black coffee without milk — **un café solo**.

Repaso II
(Lecciones 5–8)

Lección 5

0	cero				
1	uno	11	once	21	veinte y uno
2	dos	12	doce	22	veinte y dos
3	tres	13	trece	23	veinte y tres
4	cuatro	14	catorce	24	veinte y cuatro
5	cinco	15	quince	25	veinte y cinco
6	seis	16	diez y seis	26	veinte y seis
7	siete	17	diez y siete	27	veinte y siete
8	ocho	18	diez y ocho	28	veinte y ocho
9	nueve	19	diez y nueve	29	veinte y nueve
10	diez	20	veinte	30	treinta

+ y   − menos   × por   ÷ divido por   = es, son

Lección 6

a. Time is expressed as follows:

¿Qué hora es?	*What time is it?*
Es la una.	*It's one o'clock.*
Son las dos.	*It's two o'clock.*
Son las dos y diez.	*It's 2:10.*
Son las dos y cuarto.	*It's 2:15.*
Son las dos y media.	*It's 2:30.*
Son las tres menos veinte.	*It's 2:40.*
Es mediodía.	*It's 12 noon.*
Es medianoche.	*It's 12 midnight.*
Son las seis de la mañana.	*It's 6 A.M.*
Son las cuatro de la tarde.	*It's 4 P.M.*
Son las ocho de la noche.	*It's 8 P.M.*

b. To express "at" a specific time, use **a:**

—*¿A* qué hora preparas las tareas?   —*A* las ocho de la noche.

Lección 7

a. To conjugate an **-ER** verb, drop **-ER** from the infinitive (the form of the verb before conjugation) and add the appropriate endings:

Ejemplo: **comprender**

If the subject is		add	to the remaining stem:	
yo		**o**	**yo comprendo**	
tú		**es**	**tú comprendes**	
usted		**e**	**usted comprende**	
él		**e**	**él comprende**	
ella		**e**	**ella comprende**	
nosotros **nosotras**	}	**emos**	**nosotros** **nosotras**	} **comprendemos**
ustedes		**en**	**ustedes comprenden**	
ellos **ellas**	}	**en**	**ellos** **ellas**	} **comprenden**

b. The preposition **a** is placed before the direct object if the direct object is a person or a pet. This **a** is called the "personal **a**":

> **Yo veo *a* mi amigo.**
> **Pedro visita *a* la muchacha.**
> **Carmen ama *a* su gato.**

The combination **a** + **el** forms the contraction **al:**

> **Escuchamos *al* profesor.**

Lección 8

a. Adjectives agree in GENDER and NUMBER with the nouns they describe. If the noun is feminine, the adjective is feminine. If the noun is masculine, the adjective is masculine. If the noun is plural, the adjective is plural:

> **El libro es famoso.**   **Los libros son famosos.**
> **La escuela es moderna.**   **Las escuelas son modernas.**

b. Adjectives that do not end in **-o** have the same form in the masculine and feminine, except adjectives of nationality, which have feminine forms in **-a:**

> **El actor es *inteligente*.**   but   **El actor es *español*.**
> **La actriz es *inteligente*.**   **La actriz es *española*.**

c. If an adjective ends in a consonant, add **es** in the plural:

> **El disco es popular.**   **Los discos son populares.**
> **La pregunta es difícil.**   **Las preguntas son difíciles.**

d. Spanish adjectives usually follow the noun:

> **El presidente *norteamericano* está en la Casa *Blanca*.**

ACTIVIDADES

A. Here are ten pictures of people doing things. Complete the description below each picture by using the correct form of one of these verbs:

aprender	comer	correr	responder	vender
beber	comprender	leer	saber	ver

1. María _____ una soda.

4. El muchacho no _____.

2. Yo _____ un sandwich delicioso.

5. José y yo _____ en el parque.

3. Nosotros _____ un periódico.

6. Ricardo _____ matemáticas en la escuela.

7. El hombre _____
sombreros finos.

9. Marta _____
bien en clase.

8. Los niños _____
el avión en el cielo.

10. El policía _____
la dirección del cine.

B. **Buscapalabras.** Hidden in the puzzle are 10 adjectives, 4 verbs, 4 nouns, and 2 numbers. Circle them and list them on page 134. The words may be read from left to right, right to left, up or down, or diagonally:

A M U N D O D R O G
Z M L A G O N U B T
U D A F D T I C O R
L E E R V E R C N E
F G R E I H A D I I
Á G B B C L M O T N
C N O A F P L S O T
I P P S R S C O S A
L A P R E N D E R X
F Z V E R D E F A L

10 adjectives (3 are colors)   4 verbs   4 nouns   2 numbers

_____   _____   _____   _____   _____

_____   _____   _____   _____   _____

_____   _____   _____   _____   _____

_____   _____   _____   _____

_____   _____

C. Crucigrama

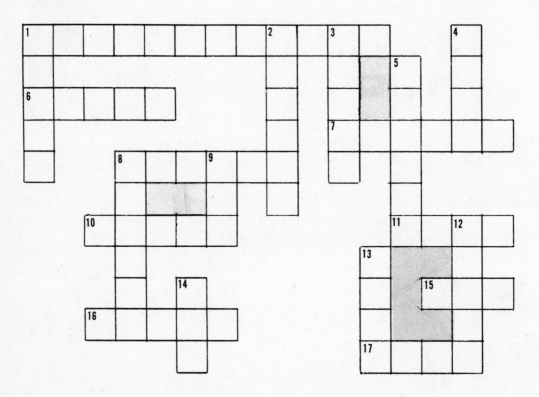

HORIZONTAL	VERTICAL
1. supermarket	1. to know
6. to drink	2. meal, food
7. money	3. where?
8. city	4. to read
10. you pass	5. to sing
11. rich	8. four
15. one	9. two
16. young	12. five
17. tall	14. they see

D. Would you like to tell your future? Follow these simple rules to see what the cards have in store for you. Choose a number from two to eight. Starting in the upper left corner and moving from left to right, write down all the letters that appear under that number:

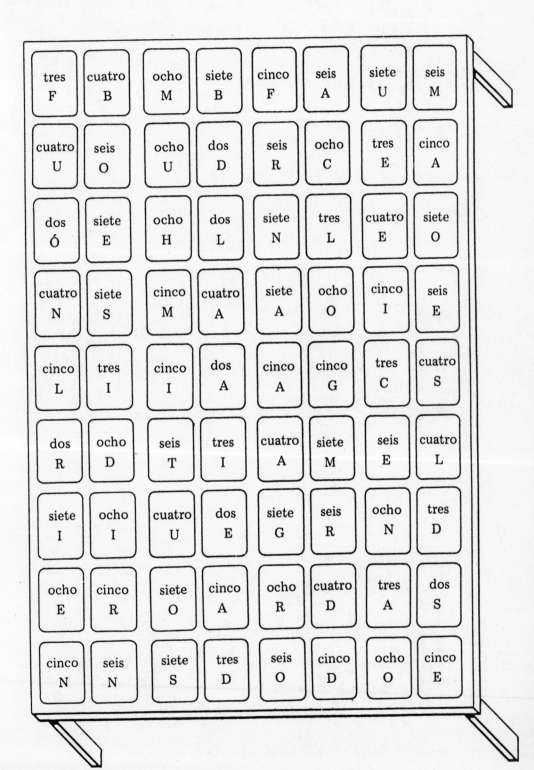

E. All the following people are saying some numbers. What are they?

1. _____

4. _____

2. _____

5. _____

3. _____

6. _____

F.   Write the times in Spanish:

1. _____

4. _____

2. _____

5. _____

3. _____

6. _____

7. _____   8. _____

G. Acróstico. This puzzle contains eight useful expressions. Fill in the Spanish words, then read down the boxed column to find out to whom you would say them:

1. ___ ___ ___ ___ ___ ___ ___ ___

2.   ___ ___ ___ ___ ___ ___

3. ___ ___ ___ ___ ___ ___ ___ ___

4.   ¿ ___ ___ ___ ___ ___ ___ ___ ___ ___ ___ ?

5.   ___ ___ ___ ___ ___ ___

6.   ___ ___ ___ ___ ___

7. ¿ ___ ___ ___ ___ ___ ___ ___ ___ ?

8.   ___ ___ ___ ___ ___ ___ ___ ___ ___

1. Good morning.
2. You're welcome.
3. See you tomorrow.
4. What's your name?

5. Thanks.
6. Good-bye.
7. How are you?
8. At your service.

H. Picture Story. Can you read this story? Much of it is in picture form. When you come to a picture, read it as if it were a Spanish word:

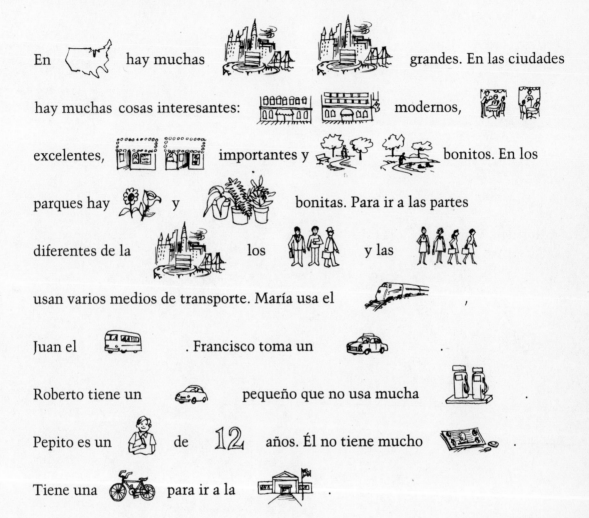

En [mapa] hay muchas [ciudad] [ciudad] grandes. En las ciudades

hay muchas cosas interesantes: [edificios] modernos, [restaurantes]

excelentes, [tiendas] importantes y [árboles] bonitos. En los

parques hay [flores] y [plantas] bonitas. Para ir a las partes

diferentes de la [ciudad] los [hombres] y las [mujeres]

usan varios medios de transporte. María usa el [tren] ,

Juan el [autobús] . Francisco toma un [taxi] .

Roberto tiene un [coche] pequeño que no usa mucha [gasolina] .

Pepito es un [muchacho] de 12 años. Él no tiene mucho [dinero] .

Tiene una [bicicleta] para ir a la [escuela] .

Tercera Parte

9 "To be or not to be"

Professions and Trades; the Verb **ser**

 Vocabulario

el profesor

la profesora

el médico

la médico

el dentista

la dentista

el secretario

la secretaria

el artista

la artista

el actor

la actriz

el camarero

la camarera

el enfermero

la enfermera

el abogado

la abogada

el policía

la policía

el cartero

la cartera

el bombero

___ ACTIVIDADES _____

A. **¿Quién es?** (*Who is it?*) The people in your family have different professions. Match their occupation with the correct picture:

un dentista	una médico	una abogada	un bombero
un policía	un secretario	una enfermera	un cartero
una actriz	una profesora		

1. _____

3. _____

2. _____

4. _____

5. _____

8. _____

6. _____

9. _____

7. _____

10. _____

B. Now identify these professions:

1. _____

2. _____

3. _____

7. _____

4. _____

8. _____

5. _____

9. _____

6. _____

10. _____

One of the most important words in the Spanish language is the verb **ser** (*to be*). **Ser** is a special verb because no other verb is conjugated like it. For this reason, **ser** is called irregular. You must memorize all forms of **ser**:

yo **soy**	*I am*
tú **eres**	*you are* (familiar)
Ud. **es**	*you are* (formal)
él **es**	*he is*
ella **es**	*she is*
nosotros } nosotras } **somos**	*we are*
Uds. **son**	*you are* (plural)
ellos } ellas } **son**	*they are*

Before we go on, let's learn two useful abbreviations:

Ud. = usted   **Uds. = ustedes**

___ ACTIVIDADES _____

C. Here are some sentences in which a form of the verb **ser** is used. Can you match these sentences with the pictures they describe?

Lobo es un perro pequeño.
Los edificios son grandes.
Yo soy presidente de la clase.
Ellos son inteligentes.
Carlos es alto y flaco.

Mis abuelos son actores de cine.
Ud. es una persona alegre.
Nosotras somos amigas.
La casa es fea y vieja.
Ella es una artista famosa.

1. _____   2. _____

3. _____

4. _____

5. _____

6. _____

7. _____

8. _____

9. _____

10. _____

D. Choose five people you know and write their professions. Write complete sentences:

EXAMPLE: Tom Cruise es actor.

1. _____

2. _____

3. _____

4. _____

5. _____

E. You have a pen pal in Spain who wants to know details about your family. Complete these sentences with the correct form of the verb **ser:**

1. Mi padre _____ abogado.

2. Mi padre _____ español y mi madre _____ norteamericana.

3. Mi hermano y yo _____ rubios.

4. Mis padres también _____ rubios.

5. Nosotros no _____ altos.

6. Yo _____ flaco, pero mi hermano _____ gordo.

7. Mis dos hermanas _____ enfermeras; ellas _____ muy inteligentes.

8. ¿Cómo _____ tú? ¿_____ alto o bajo, flaco o gordo?

9. Tú _____ mi amigo. Tú _____ español, yo _____ norteamericano.

F. Answer the following questions about yourself and your family in complete sentences:

1. ¿Es Ud. sociable o tímido?

_____

2. ¿Es Ud. alto o bajo?

_____

3. ¿Son Uds. franceses?

_____

4. ¿Son Uds. ricos o pobres?

_____

5. ¿Es usted una persona alegre o triste?

_____

3 Here's a conversation between Juan Alemán, a new boy in school, and Mr. López, the teacher of the class. Mr. López is in for a surprise:

EL PROFESOR LÓPEZ:—Buenos días, joven. ¿Cómo se llama? ¿Es usted un alumno nuevo?

JUAN:—Sí, señor. Me llamo Juan Alemán y soy de México.

EL PROFESOR LÓPEZ:—Bienvenido. Yo soy el profesor López. ¿Comprendes el idioma inglés, Juan?

JUAN:—No mucho. En casa solamente hablamos español.

EL PROFESOR LÓPEZ:—¿Tu familia está aquí también?

JUAN:—No todos. Mis hermanos están en Veracruz.

EL PROFESOR LÓPEZ:—¿Dónde trabaja tu padre?

JUAN:—Mi padre es mecánico y trabaja en una estación de servicio.

EL PROFESOR LÓPEZ:—¿Y tu mamá?

JUAN:—Mi mamá es enfermera y trabaja en un hospital.

EL PROFESOR LÓPEZ:—Muy bien, Juan. Si estudias todos los días, vas a aprender mucho en la clase. Las lecciones no son difíciles. Si tienes algún problema, sabes que yo hablo español. Además, los alumnos de la clase son muy buenos y simpáticos.

JUAN: Yo sé. Mis primos están todos en esta clase.

el idioma (inglés) _(English)_ _language_
solamente _only_

si _if_

algún, alguna _any_
además _besides_
bueno _good_
simpático _nice_

G. **¿Verdadero o falso?** These statements are based on the dialog you have just read. If the statement is true, write **Verdadero.** If it is false, correct the statement:

1. Juan Alemán es el profesor de la clase.

_____

2. El profesor López es mexicano.

_____

3. El profesor López habla español.

_____

4. Juan Alemán habla inglés en casa.

_____

5. La madre de Juan no trabaja.

_____

6. El padre de Juan trabaja en un hospital.

_____

7. Las lecciones son fáciles.

_____

8. Juan necesita estudiar todos los días.

_____

9. Juan va a la escuela mañana.

_____

H. Conteste las preguntas:

1. ¿Quién es Juan Alemán?

_____

2. ¿Qué idioma habla la familia de Juan?

_____

3. ¿Qué idiomas habla el profesor López?

_____

4. ¿Dónde trabaja el padre de Juan?

_____

5. ¿Dónde trabaja la madre de Juan?

_____

6. ¿Cómo son los alumnos de la clase?

_____

CONVERSACIÓN

Vocabulario

Bienvenido(a) *Welcome* **sólo** *only*
No importa *It doesn't matter*

DIÁLOGO

Complete the dialog using some of the following expressions:

Me llamo Miguel.
Soy mexicano.
Hablamos inglés.
Sólo un poco.

¡Estupendo! Pero quiero aprender
  inglés pronto.
Bienvenido.

PREGUNTAS PERSONALES

1. ¿Cómo eres?

_____

2. ¿Crees que eres inteligente?

_____

3. ¿Eres fuerte (*strong*)?

_____

4. ¿Crees que es necesario estudiar todos los días?

_____

5. ¿Cómo es el profesor (la profesora) de español?

_____

INFORMACIÓN PERSONAL

List in Spanish five professions or occupations that interest you. Next to each, write a sentence that describes a person involved in that profession or says something about the profession:

EXAMPLE: ***un médico***   **Su trabajo es muy importante.**

1. _____

2. _____

3. _____

4. _____

5. _____

CÁPSULA CULTURAL

¿Habla Ud. «Spanglish»?

There are many words in the English language that come from Spanish — *tomato* (from **tomate**), *cockroach* (from **cucaracha**), *cafeteria* (from **café**), *ranch* (from **rancho**).

But did you know that it also works the other way around? Many English words have found their way into the Spanish language as well. Sometimes the spelling and pronunciation change, but the words are easily recognizable by speakers of English. If you pick up a Spanish newspaper and look at the sports pages, you will see articles on **béisbol, fútbol**, or **basquetbol**. They may describe how a certain **pitcher** gave up a **jonrón**. Or, perhaps how a **boxeador** scored a **knock-out** in **el último round**.

Restaurant menus may contain words like **sandwich, hamburguesa, soda, bistec, rosbif**, and **cóctel**. In a beauty parlor or barbershop, you would readily understand **champú, masaje**, or **manicura**.

All of these words have been accepted into the Spanish language. There are, however, many words that, although used, are considered "Spanglish" — an unacceptable mixture of two languages. For example, the word for *lunch* is **el almuerzo**. But there are thousands who say they are having **lonche** in the **lonchería**.

156

10 Más actividades

-IR Verbs

1 This new group of verbs belongs to the **-IR** conjugation. See if you can guess their meaning:

abrir

cubrir

describir

dividir

escribir

recibir

subir a

vivir

157

2 Do you recall what you did with **-ar** and **-er** verbs when you used them? You dropped the **-ar** or **-er** ending from the infinitive and added certain endings:

habl[ar] *to speak*   vend[er] *to sell*

yo	habl*o*	yo	vend*o*
tú	habl*as*	tú	vend*es*
Ud.	habl*a*	Ud.	vend*e*
él	habl*a*	él	vend*e*
ella	habl*a*	ella	vend*e*
nosotros / nosotras	habl*amos*	nosotros / nosotras	vend*emos*
Uds.	habl*an*	Uds.	vend*en*
ellos / ellas	habl*an*	ellos / ellas	vend*en*

We do the same things with **-IR** verbs. Here is an example:

escrib[ir]   *to write*

yo escrib*o*	*I write, I am writing*
tú escrib*es*	*you write, you are writing* (familiar)
Ud. escrib*e*	*you write, you are writing* (formal)
él escrib*e*	*he writes, he is writing*
ella escrib*e*	*she writes, she is writing*
nosotros / nosotras escrib*imos*	*we write, we are writing*
Uds. escrib*en*	*you write, you are writing* (plural)
ellos / ellas escrib*en*	*they write, they are writing*

3 If you compare the **-ER** and the **-IR** verbs, what do you notice? Almost all the endings are the same! The only exception is the **nosotros** form. In this form, the **-ER** ending is **-emos** but the **-IR** ending is **-imos**. That makes things simple. Let's do another one. Add the proper endings:

abrir *to open*

yo abr_____		nosotros / nosotras } abr_____
tú abr_____		
Ud. abr_____		Uds. abr_____
él abr_____		ellos / ellas } abr_____
ella abr_____		

___ ACTIVIDADES ___

A. Match the Spanish sentences with the English meanings and write the matching letter in the space provided:

1. Yo subo al autobús. _____

2. Juan no vive aquí. _____

3. Nosotras describimos los periódicos. _____

4. Ellas escriben una composición. _____

5. Él divide la fruta. _____

6. El profesor abre la ventana. _____

7. Las muchachas reciben flores. _____

8. Ustedes no cubren su automóvil. _____

9. El alumno escribe una frase. _____

10. Usted y yo cubrimos las sillas. _____

a. They are writing a composition.
b. He divides the fruit.
c. I get on the bus.
d. The teacher opens the window.
e. The student writes a sentence.
f. John doesn't live here.
g. You and I cover the chairs.
h. We are describing the newspapers.
i. You don't cover your car.
j. The girls receive flowers.

B. Match the sentences with the pictures they describe:

Yo recibo una invitación.
Tú cubres tu automóvil.
El tendero abre la tienda.

Usted vive en un apartamento.
Los gatos suben al árbol.
Nosotros dividimos diez por dos.

1. _____

3. _____

2. _____

4. _____

5. _____   6. _____

4 Here is one more important **-IR** verb: **salir** (*to leave, to go out*). **Salir** is different because (a) it has an irregular **yo** form: **salgo**; and (b) it is followed by **de** if you mention the place you are "going out of":

>Yo **salgo** ahora.   *I'm leaving (going out) now.*
>But:
>Yo **salgo de** la casa ahora.   *I'm leaving the house now.*

NOTE: If **de** comes directly before the article **el**, the two words combine to form the word **del**, that is, **de + el = del**:

>Salimos **del** trabajo a las cinco.   *We leave work at five.*

__ ACTIVIDAD _____

C. Complete the Spanish sentences with the correct forms of **salir** and write the English meanings in the space provided. If **del** is needed, cross out **el**:

1. Los alumnos _____ la escuela a las tres.

   _____

2. Yo _____ mi casa a las ocho de la mañana.

   _____

3. Uds. no _____ el cine a las seis.

   _____

4. Mi madre _____ al jardín todos los días.

   _____

5. Nosotros _____ el teatro.

_____

6. ¿ _____ tú con Roberto?

_____

There is one **-AR** verb and four **-ER** verbs which, like **salir**, have an irregular **yo** form:

dar (*to give*)	**yo doy**	*I give*
poner (*to put*)	**yo pongo**	*I put*
saber (*to know*)	**yo sé**	*I know*
traer (*to bring*)	**yo traigo**	*I bring*

Now we are ready to compare all three kinds of verbs: **-AR**, **-ER**, and **-IR**:

	pas*ar*	beb*er*	viv*ir*
yo	pas**o**	beb**o**	viv**o**
tú	pas**as**	beb**es**	viv**es**
Ud.	pas**a**	beb**e**	viv**e**
él	pas**a**	beb**e**	viv**e**
ella	pas**a**	beb**e**	viv**e**
nosotros / nosotras	pas**amos**	beb**emos**	viv**imos**
Uds.	pas**an**	beb**en**	viv**en**
ellos / ellas	pas**an**	beb**en**	viv**en**

___ ACTIVIDADES ___

D. Answer the following questions:

1. ¿A qué hora sales de la escuela?

_____

2. ¿Sabes hablar español?

_____

3. ¿Traes muchos libros a la escuela?

_____

4. ¿Pones los libros en tu escritorio?

_____

5. ¿Das regalos (*presents*) a tu familia?

_____

E. Three sentences are listed below each picture. Underline the correct one:

1. a. Yo escribo en la pizarra.
   b. Yo veo la pizarra.
   c. Yo pregunto en la clase.

4. a. Ellos compran discos.
   b. Ellos corren a la tienda.
   c. Ellos ponen los discos.

2. a. Nosotros vemos la clase.
   b. Nosotros cantamos en la clase.
   c. Nosotros respondemos en la clase.

5. a. Él sale ahora.
   b. Él llega ahora.
   c. Él canta ahora.

3. a. Ella busca la fiesta.
   b. Ella baila en la fiesta.
   c. Ella sale de la fiesta.

6. a. Usted come mucho.
   b. Usted bebe mucho.
   c. Usted trae mucha comida.

7. a. Carlos y María cubren la
   puerta.
   b. Carlos y María viven en la
   calle.
   c. Carlos y María entran por la
   puerta.

9. a. Rosita escucha música.
   b. Rosita abre la ventana.
   c. Rosita busca la ventana.

8. a. Yo camino por la calle.
   b. Yo paso por la calle.
   c. Yo trabajo en la calle.

10. a. Francisco sale con los
   muchachos.
   b. Francisco visita a las
   muchachas.
   c. Francisco mira a las
   muchachas.

F. Here's a composition for your Spanish class. Complete it with the correct forms
of the verbs in parentheses:

Nosotros _____ en una casa pequeña. Mi padre _____ de la
         1 (vivir)   **2** (salir)

casa a las siete de la mañana y _____ el tren para ir al trabajo. Yo
                                3 (tomar)

_____ a las ocho y _____ a la escuela. Mi madre
4 (salir)   **5** (caminar)

_____ en la casa y mis hermanos _____ en la universidad.
6 (trabajar)   **7** (estudiar)

Ellos   siempre _____ amigos   interesantes   a   la   casa.   Yo
                  8 (traer)

_____ español en la escuela. En casa nosotros _____
9 (aprender)   **10** (hablar)

solamente inglés y yo no _____ mucho español. En la escuela, la
                         11 (saber)

profesora _____ mucho y los alumnos _____ .
      12 (preguntar)   13 (responder)

Todos los días, nosotros _____ una composición. Yo _____
                    14 (escribir)   15 (poner)

mi diccionario en mi escritorio y _____ muchas palabras.
                              16 (buscar)

G. Now make complete Spanish sentences with the correct verb form and a closing element of your choice:

1. (ver) Nosotros _____

2. (buscar) Mi hermano _____

3. (correr) Mi perro _____

4. (dividir) Ustedes _____

5. (subir) Tú _____

6. (dar) Yo _____

7. (invitar) Nosotros _____

8. (abrir) Ellas _____

9. (responder) Usted _____

10. (vivir) Mis tíos _____

7 Here'a a conversation containing **-AR, -ER,** and **-IR** verbs. Pepe's friends are talking about his family. They are trying to find out what Pepe's father does for a living. Would you know?

MARÍA: —La familia de Pepe **vive** muy bien. Yo **sé** que **ganan** mucho dinero.

ROBERTO: —Sí, ellos **viven** en una casa magnífica con un jardín muy grande. El perro de Pepe siempre **corre** por el jardín.

CARLOS: —Y ellos **compran** un automóvil nuevo cada año.   **cada** *each*

ANA: —Las dos hermanas de Pepe — Carmen y Rosa — **son** muy elegantes. Carmen **es** enfermera y **trabaja** en un hospital. Rosa **es** secretaria y también **estudia** en la universidad.

ANTONIO: —Ellos siempre **reciben** muy bien a los amigos. Cuando yo **visito** a la familia, la madre de Pepe **cubre** la mesa con un mantel y **pregunta:**   **el mantel** *tablecloth*

¿Qué **deseas** comer, Antonio? Cuando yo **con-testo**, ella **trae** la comida a la mesa. Ellos siempre **comen** y **beben** bien.

MARÍA: —¿Qué **crees** que **hace** el padre de Pepe?

(**Entra** Pepe)

ROBERTO: —Pepe, ¿dónde **trabajan** tus padres?

PEPE: —Mis padres **son** dueños de un supermercado.   **el dueño** *owner*
¿Ahora **comprenden** Uds. por qué siempre hay mucha comida en mi casa?

Todos: —Sí, **comprendemos** perfectamente.   **perfectamente** *perfectly*

__ ACTIVIDADES __

H. Pick out the **-AR, -ER,** and **-IR** verbs in the conversation and list them in the infinitive form:

-AR verbs		**-ER** verbs		**-IR** verbs
_____	_____	_____	_____	_____
_____	_____	_____	_____	_____
_____	_____	_____	_____	_____
_____	_____	_____	_____	
	_____			

I. Complete the sentences with the correct expression chosen from the words provided:

1. María y Ana son _____ de Pepe.
   a. amigos   b. hermanas   c. tías   d. amigas

2. La familia de Pepe _____ una casa grande.
   a. compra   b. desea   c. vive en   d. vende

3. El automóvil de la familia es _____.
   a. grande   b. magnífico   c. viejo   d. nuevo

4. Hay _____ hermanas en la familia.
   a. dos   b. tres   c. cuatro   d. cinco

5. La enfermera trabaja en _____.
   a. el supermercado   b. la casa   c. el hospital   d. el cine

6. Carmen y Rosa son _____ .
   a. hermanas   b. tías   c. amigas   d. enfermeras

7. La secretaria también estudia en _____ .
   a. una tienda   b. una oficina   c. un teatro   d. una universidad

8. La familia de Pepe _____ bien a los amigos.
   a. invita   b. aprende   c. recibe   d. come

9. El dueño de un supermercado _____ muy bien.
   a. corre   b. vende   c. come   d. sale

10. En un supermercado no venden _____ .
    a. soda   b. televisores   c. frutas   d. leche

_____ INFORMACIÓN PERSONAL _____

Describe yourself and your family by completing these sentences:

1. Mi familia vive _____ .

2. La casa es _____ .

3. Yo tengo (No tengo) un automóvil _____ .

4. Tengo _____ hermanos (hermanas).

5. Mi madre compra _____ .

6. Mi padre trabaja _____ .

7. Yo _____ .

8. Somos una familia _____ .

CONVERSACIÓN

Vocabulario

la calle *street*
su *you* (formal)

ustedes tienen *you have*
el coche = el automóvil *car*

DIÁLOGO

You are the second person in the dialog. Write a suitable response to each question:

PREGUNTAS PERSONALES

1. ¿Quién compra la comida en la casa?

_____

2. ¿Dónde compran ustedes la comida, en una tienda o en un supermercado?

_____

3. ¿Dónde viven ustedes?

_____

4. ¿Sales al cine con amigos?

_____

5. ¿Sabes escribir en español?

_____

CÁPSULA CULTURAL

La tortilla

When someone mentions the word **tortilla**, what do you think of? If you're in Spain, it's probably a **tortilla española** — a kind of omelette made with potatoes, eggs, and onions. This omelette, which is quite thick, is allowed to cool, cut into wedges, and served as a snack or appetizer.

The **tortilla** that most North Americans think of, however, is the **tortilla mexicana**, which is different from the Spanish **tortilla**. The Mexican **tortilla** is a flat pancake, generally made of corn meal.

Tortillas date back more than a thousand years to the ancient Indian civilization of the Mayas in Mexico and Central America. Today these same **tortillas** are sold by street vendors and in supermarkets.

In Mexico and in many countries of Central America, the **tortilla** is an important part of the everyday diet. It is the basic bread of those cultures. Although they can be made with wheat flour, **tortillas** are generally made of corn meal. This corn flour is mixed with water to form the **masa**. The **masa** is then shaped into a round, thin, flat pancake, which is cooked and served hot along with the meal.

The **tortilla** may also be rolled and stuffed with other ingredients, fried crisp, and covered with sauce or cheese. More about the versatile **tortilla** in the next **Cápsula cultural**.

11 ¿Cómo está usted?

Expressions with **estar**; Uses of **ser** and **estar**

1 "To be or not to be?" We have already learned one verb that means *to be:* **ser**. Here's another one: **estar**.

Yo estoy en un restaurante.

Nosotros estamos en una fiesta.

Tú estás bien.

Ustedes están enfermos.

Usted está contento.

Él está perdido.

Ellos están sentados.

Ella está triste.

Ellas están en la playa.

 How is **estar** conjugated? You can see that **estar** has an irregular **yo** form:

yo *estoy*	*I am*
tú **estás**	*you are* (familiar)
Ud. **está**	*you are* (formal)
él **está**	*he is*
ella **está**	*she is*
nosotros } nosotras } **estamos**	*we are*
Uds. **están**	*you are* (plural)
ellos } ellas } **están**	*they are*

When do you use forms of **ser** and when do you use forms of **estar**? For example, if you want to say *I am*, do you say **yo soy** or **yo estoy**? If you want to say *she is*, do you say **ella es** or **ella está**? You can't just use whichever verb you feel like using. There are certain rules. The following examples show the uses of **estar**:

a. In these sentences, we are telling or asking where someone or something is:

Yo *estoy* en la escuela.	*I am at school.*
Madrid *está* en España.	*Madrid is in Spain.*
¿Dónde *está* Nueva York?	*Where is New York?*

b. In these sentences, we express a CONDITION of persons or things that can change quickly:

El agua *está* **fría.** [It can be heated up, and then **El agua** *está* **caliente.**]
Tú *estás* **contento.** [Then your mother tells you to do your homework and then **Tú** *estás* **triste.**]
Ellos *están* **enfermos.** [They go to the doctor and then **Ellos** *están* **bien**.]
Las ventanas *están* **abiertas.** [It gets too cold and then **Las ventanas** *están* **cerradas**.]

Here, then, are the simple rules. There are two situations in which we use a form of **estar:**

   a. LOCATION (asking or telling where something or someone is):

      Chicago y Nueva York *están* **en los Estados Unidos.**

   b. TEMPORARY CONDITION (describing a physical or emotional condition that can change):

Yo *estoy* **bien (enfermo).**	*I am well (sick).*
La casa *está* **sucia (limpia).**	*The house is dirty (clean).*
Usted *está* **contento (triste).**	*You are happy (sad).*

Now you know the situations in which you use **estar**. In all other situations, use **ser**.

NOTE: It may not always be easy to decide whether a condition is "temporary" or "permanent." In Spanish, some conditions are usually regarded as permanent characteristics. Adjectives like **rico, pobre, gordo, flaco, joven**, and **viejo** are usually considered permanent characteristics. Therefore, we say in Spanish:

Yo *soy* **rico.**	**La abuela** *es* **vieja.**
Mi amigo *es* **pobre.**	**Los muchachos** *son* **gordos.**

__ ACTIVIDAD _____

A. You are not feeling well and you go to the nurse's office. Complete this dialog with the correct forms of **estar:**

1. Buenas tardes. ¿Cómo _____ tú hoy?

2. Yo no _____ bien. Creo que _____ enfermo. ¿Cómo _____ Ud.?

3. Sí, tú _____ pálido (*pale*). ¿Dónde _____ tus padres ahora?

4. Mi padre _____ en la oficina y mi madre _____ probablemente en el supermercado.

5. ¿Dónde _____ la oficina de tu padre?

6. _____ lejos de la escuela.

7. ¿Quién _____ en casa ahora?

8. Mis hermanos _____ en casa ahora.

There is one more use of the verb **estar:** If we want to emphasize that an action is going on right now — the subject is doing something at this very moment — we use the PRESENT PROGRESSIVE TENSE. Look at these examples:

Carlos *está hablando* por teléfono.	*Charles is talking on the phone.*
María *está escribiendo* una carta.	*Maria is writing a letter.*
Yo *estoy comiendo* un sandwich.	*I am eating a sandwich.*

The PRESENT PROGRESSIVE consists of a form of the present tense of **estar** + present participle. The present participle of **-AR** verbs is formed by dropping the **-ar** ending of the infinitive and replacing it with **-ando:**

habl*ar:* habl*ando*	bail*ar:* bail*ando*
pas*ar:* pas*ando*	cant*ar:* cant*ando*

The present participle of **-ER** and **-IR** verbs is formed by dropping the **-er** or **-ir** ending of the infinitive and replacing it with **-iendo:**

com*er:* com*iendo*	viv*ir:* viv*iendo*
beb*er:* beb*iendo*	escrib*ir:* escrib*iendo*

Note that the present participle does not change:

Él está bailando.   Ella está cantando.   Ellos están bailando y cantando.

___ ACTIVIDAD ___

B. You are describing what everybody is doing in the classroom right now. Complete the sentences with the correct forms of the present progressive:

EXAMPLE: la profesora / hablar
La profesora está hablando.

1. tú / escribir en la pizarra   _____

2. yo / abrir la ventana   _____

3. usted / cerrar la puerta _____

4. ellos / mirar la pizarra _____

5. Carlos / estudiar _____

6. ustedes / contestar una pregunta _____

7. nosotros / aprender los verbos _____

8. Juana / hablar con Rosa _____

 Let's review the two verbs that mean *to be*. Repeat them aloud after your teacher:

ser			estar	
yo	soy	*I am*	yo	estoy
tú	eres	*you are*	tú	estás
Ud.	es		Ud.	está
él	es	*he is*	él	está
ella	es	*she is*	ella	está
nosotros / nosotras	somos	*we are*	nosotros / nosotras	estamos
Uds.	son	*you are*	Uds.	están
ellos / ellas	son	*they are*	ellos / ellas	están

_ ACTIVIDADES _

C. Choose between forms of **ser** and **estar**. Underline the correct form:

1. Roberto (es, está) alegre hoy.
2. Mi abuelo (es, está) carpintero.
3. Yo (soy, estoy) cubana.
4. Ella (es, está) hablando por teléfono.
5. El agua (es, está) caliente.
6. ¿Cómo (son, están) Uds.?
7. ¿(Son, Están) ellas abogadas?
8. ¿Dónde (son, están) tus cuadernos?
9. ¿(Es, Está) María flaca?
10. Uds. (son, están) enfermos.
11. La clase (es, está) visitando un museo.
12. Nosotros (somos, estamos) bien, gracias.
13. Mi primo (es, está) joven.
14. Las ciudades (son, están) grandes.
15. El médico (es, está) en el hospital.

D. Match the sentences with the correct pictures:

Ellas están escuchando discos.   Pedro está en la tienda.
El señor Pérez es gordo.   Yo soy bombero.
Laura está sentada en el sofá.   Tú estás buscando un libro.
Mis tíos son muy ricos.   Nosotros estamos cansados.

1. _____

5. _____

2. _____

6. _____

3. _____

7. _____

4. _____

8. _____

E. You have just come back from a trip to Mexico and are telling your parents about the people and things you saw. Complete the sentences with the correct forms of **ser** or **estar**:

1. Mi amiga Elena _____ colombiana, pero ella ahora _____ viviendo en México.

2. El padre de Jorge _____ médico y _____ trabajando en el Hospital General.

3. Los museos de la ciudad de México _____ muy interesantes.

4. Mario y Raúl _____ estudiando en la universidad y _____ contentos.

5. La ciudad de México _____ inmensa.

6. Unas pirámides que _____ muy grandes _____ cerca de la ciudad.

7. La tía Josefa _____ cansada de vivir en una ciudad grande.

8. Ahora yo _____ esperando cartas de mis amigos.

 Now read this story:

Cuando el profesor Romero entra en la clase, ve inmediatamente que algo anda mal. Uno de los niños, Panchito, tiene las manos en la cabeza. El profesor está sorprendido y pregunta:

EL PROFESOR ROMERO: —Pero, ¿qué tiene Panchito?
UN ALUMNO: Panchito no está bien. Está muy enfermo.
UNA ALUMNA: —Sí, profesor. Panchito está muy triste. No desea estar en la clase.
OTRO ALUMNO: —Sí, desea estar en casa.
EL PROFESOR ROMERO: —Yo no sé si eso es posible. Panchito, ¿está tu mamá en casa ahora?
PANCHITO: —No, señor. Mis padres trabajan.
EL PROFESOR ROMERO: —Entonces, voy a llamar a la enfermera de la escuela.

inmediatamente *immediately*
algo anda mal *something's wrong*
las manos *hands*
la cabeza *head*
sorprendido *surprised*

(Entra la señorita Pacheco. Es joven y bonita; sabe mucho de medicina y comprende también a los niños.)

LA SEÑORITA PACHECO: —¿Dónde está el enfermo? Ah, aquí está. ¿Cómo estás, Panchito? ¿Por qué no estás contento? Hoy no hay clases en la escuela. Todo el mundo va de excursión al campo a jugar al béisbol.

ir de excursión *to go on a trip*
al campo *to the country*
¿cómo? *what did you say?*

PANCHITO: —¿Cómo? ¿Es un día de excursión? ¿No hay clases? Estoy bien ahora, muy bien. ¡Vamos a jugar!

__ ACTIVIDAD _____

F. Complete the sentences based on the story you have just read:

1. El profesor Romero _____ la clase.

2. Panchito no _____ bien. Está muy _____.

3. El niño no desea _____. Desea _____ a casa.

4. La mamá de Panchito no está _____.

5. Los padres de Panchito _____.

6. El profesor llama a _____.

7. La señorita Pacheco es _____ y _____.

8. ¿Cómo _____ Panchito? ¿Por qué no _____ contento?

9. No hay _____ hoy.

10. Todo el mundo va _____.

CONVERSACIÓN

Vocabulario

estar malo(a) *to feel sick*
¡pobrecita! *poor little thing!*
¿Qué te pasa? *What's the matter with you?*

duermo *I sleep*
el resfriado *cold* (illness)
la fiebre *fever*

DIÁLOGO

Fill in the words that are missing from the dialog. Choose from the following list:

¿Tengo que ir al hospital?   Muchas gracias, doctora.
Estoy enfermo.   Deseo mirar la televisión.
Estoy muy contento.   ¡Ay doctora! Estoy muy malo.
No tengo deseos de comer.

PREGUNTAS PERSONALES

1. ¿Cómo estás hoy?

_____

2. ¿Qué estás haciendo ahora?

_____

3. ¿Dónde estás ahora?

_____

4. ¿Estás contento en la clase de español?

_____

5. ¿Cómo es el profesor (la profesora)?

_____

INFORMACIÓN PERSONAL

The school computer is assembling a personality profile for every student. You are asked to answer the following questions truthfully:

	Sí	No
1. ¿Es Ud. inteligente?	☐	☐
2. ¿Está Ud. contento (contenta)?	☐	☐
3. ¿Es Ud. gordo (gorda)?	☐	☐
4. ¿Está Ud. enfermo (enferma) el día de un examen?	☐	☐
5. ¿Es Ud. rico (rica)?	☐	☐
6. ¿Está Ud. triste en la clase de español?	☐	☐
7. ¿Es Ud. feo (fea)?	☐	☐
8. ¿Está Ud. cansado (cansada) todo el día?	☐	☐
9. ¿Es Ud. joven?	☐	☐
10. ¿Está Ud. bien hoy?	☐	☐

CÁPSULA CULTURAL

More about the wonderful tortilla

As you have seen, the humble **tortilla** can be prepared in a variety of ways to make several mouth-watering dishes:

Tacos are **tortillas** filled with beef (**carne de res**), turkey (**guajolote**), chicken (**pollo**), or refried beans (**frijoles refritos**). **Enchiladas** are **tortillas** stuffed with chicken or beef and cheese and covered with a spicy sauce (**salsa picante**). **Quesadillas** are fried **tortillas** covered with melted cheese and bits of tomato and pepper.

The famous Mexican breakfast of **huevos rancheros** consists of fried eggs in a **tortilla** covered with a spicy tomato sauce.

With **guacamole** (a spicy dip made with mashed avocados, tomatoes, chili, lemon juice, and chopped onions), the **tortilla** is used much like a cracker or piece of bread to scoop up the mixture.

It is hard to imagine a Mexican meal without plenty of **tortillas**.

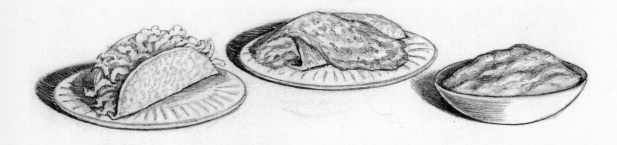

12 ¿Cuál es la fecha de hoy?

Days and Months

1 Los días de la semana

el lunes	el miércoles	el viernes	el domingo
el martes	el jueves	el sábado	

NOTE: In Spanish, the days of the week are all masculine and begin with a small letter.

ACTIVIDADES

A. Fill in the name of the day of the week:

1. m _ _ t _ s
2. ju _ _ e _
3. _ o _ _ n _ o

4. _ áb _ d _
5. l _ _ _ s

6. v _ _ r _ _ s
7. m _ _ r _ o _ e _

B. Fill in the days before and after the day given:

1. _____ lunes _____

2. _____ miércoles _____

3. _____ viernes _____

4. _____ domingo _____

2

La semana tiene siete días: lunes, martes, miércoles, jueves, viernes, sábado y domingo. Cinco días son de trabajo. Los adultos trabajan y los niños estudian en la escuela. Hay clases todos los días menos el sábado y el domingo, o sea el fin de semana.

menos *except*

o sea *that is*

183

—¿Qué día es hoy?

—Hoy es viernes, ¿por qué?

—¡Qué bien! Si hoy es viernes, mañana gracias a Dios es sábado.

—Sí, mañana no hay clases. Es el fin de semana.

—Yo sé. Mañana tengo un partido de fútbol y los domingos siempre voy al cine.   **el partido** *game, match* / **voy** *I am going*

—Pero el lunes hay un examen de español.

—No importa. Mañana por la mañana voy a estudiar en la biblioteca. Solamente necesito unas horas de estudio. ¡Yo soy muy inteligente!   **por la mañana** (*in the*) *morning*

—Sí, y muy modesto también.

__ ACTIVIDAD _____

C. Complete the following sentences:

1. Hay _____ días en una semana.

2. Los días de trabajo son _____, _____, _____,

   _____ y _____.

3. No hay clases el _____ y el _____.

4. Si hoy es martes, mañana es _____.

5. El sábado y el domingo son el _____ de semana.

6. Si hoy es miércoles, mañana es _____.

7. Si hoy es lunes, mañana es _____.

8. _____ es mi día favorito de la semana.

3. Look at these sentences:

> **¿Qué haces *el lunes?* — *Los lunes* tengo una clase de ballet.**
> *What are you doing on (next) Monday? — On Mondays (Every Monday) I have a ballet class.*

> **El martes tengo un examen de inglés.**
> *On Tuesday I have an English exam.*

But:

Hoy es *jueves* y mañana es *viernes*.
Today is Thursday and tomorrow is Friday.

In Spanish, the definite article is generally used before the days of the week, except after the verb **ser**.

NOTE: Except for **domingo (domingos)** and **sábado (sábados)**, the days of the week have the same form in the singular and the plural.

___ ACTIVIDAD _____

D. You have a pen pal who is interested in your weekly schedule. Complete these sentences with an appropriate day of the week:

1. Tengo clase de español _____ .

2. Voy al cine _____ .

3. _____ tengo un partido de fútbol.

4. _____ tengo una clase de música.

5. _____ y _____ salgo con mis amigos.

 Los meses

enero

febrero

marzo

abril

mayo

junio

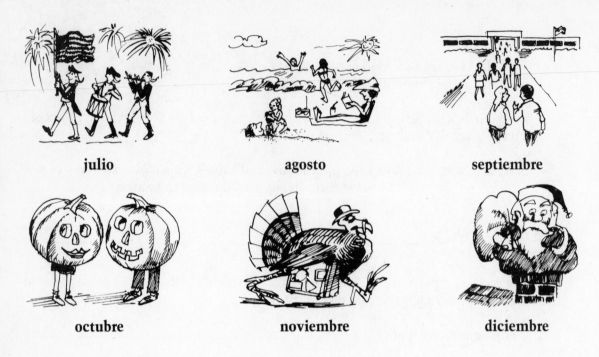

julio   **agosto**   **septiembre**

octubre   **noviembre**   **diciembre**

___ ACTIVIDADES _____

E. Fill in the months before and after the month given:

1. _____ enero _____

2. _____ abril _____

3. _____ julio _____

4. _____ octubre _____

F. Below each picture, write the Spanish name for *one* of the months commonly associated with the activity shown. (In some situations, more than one month may be correct.)

1. _____   2. _____   3. _____

4. _____ 7. _____ 10. _____

5. _____ 8. _____ 11. _____

6. _____ 9. _____ 12. _____

 Una conversación en la clase

Pablito es un niño de seis años. El señor Franco es el
maestro de la clase.

el niño *boy*
el maestro *teacher*

SR. FRANCO: Buenos días, Pablito. ¿Cómo estás hoy?

PABLITO: Muy bien, gracias, señor. ¿Y Ud.?

SR. FRANCO: Bien, gracias. Pablito, ¿sabes qué día es
hoy?

PABLITO: Sí, señor. Hoy es lunes, el primer día de la
semana.

primer *first*

SR. FRANCO: ¿Cuántos días tiene la semana?

PABLITO: La semana tiene siete días. Los sábados y
los domingos no hay clases y no trabajamos.

SR. FRANCO: Bien. ¡Sabes, Pablito, cuáles son los   **¿cuáles?** *which?*
meses del año y en qué mes estamos ahora?

PABLITO: ¡Claro! En un año hay doce meses: enero,
febrero, marzo, abril, mayo, junio, julio, agosto,
septiembre, octubre, noviembre y diciembre.
Enero es el primer mes y diciembre es el último.   **último** *last*
Hoy es el cinco de marzo.

SR. FRANCO: Muy bien. Y ahora, una pregunta difícil.
¿Sabes cuántos días hay en cada mes?   **¿cuántos?** *how many?*

PABLITO: Eso no es difícil. Yo sé un poema que da la
información:

> Treinta días hay en septiembre,
> y en abril, junio y noviembre;
> de veinte y ocho sólo hay uno,
> los demás de treinta y uno.

SR. FRANCO: ¡Estupendo! Tú sabes más que yo.

___ ACTIVIDAD _____

G. Answer these questions based on the conversation in complete Spanish sentences:

1. ¿Quién es el señor Franco?

_____

2. ¿Quién es Pablito?

_____

3. ¿Qué día es hoy?

_____

4. ¿Cuántos días hay en una semana?

_____

5. ¿Cuáles son los días de la semana?

_____

6. ¿Qué días de la semana no trabajan los padres de Pablito?

_____

7. ¿Cuántos meses hay en un año?

_____

8. ¿Cuáles son los meses del año?

_____

9. ¿Cuál es el primer mes del año?

_____

10. ¿Qué mes tiene veinte y ocho días?

_____

6 ¿Cuál es la fecha de hoy? (*What is today's date*)

Let's see how the date is expressed in Spanish. Look at the dates circled in the calendar (**el calendario**):

1990

	ENERO	FEBRERO	MARZO	ABRIL
LUNES	1 8 15 22 29	⑤12 19 26	5 12 19 26	2 9 16 23 30
MARTES	2 9 16 23 30	6 13 20 27	6 13 20 27	3 10 17 24
MIÉRCOLES	3 10 17 24 31	7 14 21 28	7 14 21 28	4 11 18 25
JUEVES	4 11 18 25	1 8 15 22	1 8 15 22 29	5 12 19 26
VIERNES	5 12 19 26	2 9 16 23	2 9 16 23 30	6 13 20 27
SÁBADO	6 13 20 27	3 10 17 24	3 10 17 24 31	7 14 21 28
DOMINGO	7 14 21 28	4 11 18 25	4 ⑪ 18 25	1 8 15 22 29

	MAYO	JUNIO	JULIO	AGOSTO
LUNES	7 14 21 28	4 11 18 25	2 9 16 23 30	6 13 20 27
MARTES	1 8 ⑮ 22 29	5 12 19 26	3 10 17 24 31	7 14 21 28
MIÉRCOLES	2 9 16 23 30	6 13 20 27	4 11 18 25	1 8 15 22 29
JUEVES	3 10 17 24 31	7 14 21 28	5 12 19 26	2 9 16 23 30
VIERNES	4 11 18 25	1 8 15 22 29	6 13 20 27	3 10 17 24 ㉛
SÁBADO	5 12 19 26	2 9 16 23 30	7 14 21 28	4 11 18 25
DOMINGO	6 13 20 27	3 10 17 24	1 8 15 22 29	5 12 19 26

	SEPTIEMBRE	OCTUBRE	NOVIEMBRE	DICIEMBRE
LUNES	3 10 17 24	1 8 15 22 29	5 12 19 26	3 10 17 24 31
MARTES	4 11 18 25	2 9 16 23 30	6 13 20 27	4 11 18 25
MIÉRCOLES	5 12 19 26	3 10 17 24 31	7 14 21 28	5 12 19 26
JUEVES	6 13 20 27	4 11 18 25	1 8 15 22 29	6 13 20 27
VIERNES	7 14 21 28	5 12 19 26	2 9 16 23 30	7 14 21 28
SÁBADO	1 8 15 22 29	6 13 20 27	3 10 17 24	① 8 15 22 29
DOMINGO	2 9 16 23 30	7 14 21 28	4 11 18 25	2 9 16 23 30

```
        FEBRERO                          MARZO
    ⑤   12  19  26              5   12  19  26
    6   13  20  27              6   13  20  27
    7   14  21  28              7   14  21  28
1   8   15  22              1   8   15  22  29
2   9   16  23              2   9   16  23  30
3   10  17  24              3   10  17  24  31
4   11  18  25              4   ⑪   18  25
```

Es el cinco de febrero.
Es lunes, cinco de febrero.

Es el once de marzo.
Es domingo, once de marzo.

```
         MAYO                            AGOSTO
    7   14  21  28              6   13  20  27
1   8   ⑮   22  29              7   14  21  28
2   9   16  23  30          1   8   15  22  29
3   10  17  24  31          2   9   16  23  30
4   11  18  25              3   10  17  24  ㉛
5   12  19  26              4   11  18  25
6   13  20  27              5   12  19  26
```

Es el quince de mayo.
Es martes, quince de mayo.

Es el treinta y uno de agosto.
Es viernes, treinta y uno de agosto.

Can you fill in the blanks? To express the date, use:

Es + _____ + _____ + _____ + _____.

If you want to include the day of the week, use:

Es + _____ + _____ + _____ + _____.

There is just one exception:

```
┌─────────────────────────┐
│      DICIEMBRE          │
│                         │
│   3  10  17  24  31     │
│   4  11  18  25         │
│   5  12  19  26         │
│   6  13  20  27         │
│   7  14  21  28         │
│ ① 8  15  22  29         │
│   2  9  16  23  30      │
└─────────────────────────┘
```

Es el primero de diciembre.
Es sabado, primero de diciembre.

The first of the month is always expressed as **el primero**.

___ ACTIVIDADES ___

H. These are your friends' birthdays. Express them in Spanish:

1. November 20 _____

2. April 11 _____

3. September 25 _____

4. January 1 _____

5. December 18 _____

6. Monday, July 12 _____

7. Thursday, June 2 _____

8. Friday, March 13 _____

9. Tuesday, October 7 _____

10. Sunday, May 24 _____

I. Give the dates in Spanish for these important events:

1. your birthday _____

2. Christmas _____

3. Thanksgiving _____

4. Independence Day _____

5. New Year's Day _____

6. your mother's birthday _____

7. your father's birthday _____

PREGUNTAS PERSONALES

1. ¿Cuál es la fecha de hoy?

   _____

2. ¿En qué mes celebras tu cumpleaños?

   _____

3. ¿Cuáles son los meses de vacaciones de la escuela?

   _____

4. ¿Qué haces los domingos?

   _____

5. ¿A qué hora sales de la casa los lunes?

   _____

INFORMACIÓN PERSONAL

1. ¿Cuál es tu día favorito de la semana y por qué?

   _____

   _____

2. ¿Cuál es tu mes favorito y por qué?

   _____

   _____

CONVERSACIÓN

Vocabulario

eso *that*   la maestra *teacher*

tanto *so much*   por supuesto *of course*

DIÁLOGO

You are the second person in the dialog. Complete it with appropriate answers of your own:

THE COGNATE CONNECTION

Spanish (as well as French, Italian, Portuguese, and Rumanian) is called a Romance language because it is derived from Latin, the language spoken by the Romans.

Since more than half of all English words are also derived from Latin, there is an important relationship between Spanish and English vocabulary, with large numbers of words being related or "cognate."

More importantly, the portion of our English language coming from Latin includes most of our "hard" words — words that are complex or scientific.

Here are some examples of how these languages relate to one another:

LATIN	SPANISH	FRENCH	ITALIAN	ENGLISH COGNATE
mater (*mother*)	**madre**	**mère**	**madre**	**maternal** (motherly)
carnis (*meat*)	**carne**	**chair**	**carne**	**carnivorous** (meat-eating)
veritas (*truth*)	**verdad**	**vérité**	**verità**	**verify** (establish truth)
malus (*bad*)	**malo**	**mal**	**malo**	**malice** (ill will)
juvenis (*young*)	**joven**	**jeune**	**giovane**	**juvenile** (youthful)
unus (*one*)	**uno**	**un**	**uno**	**unilateral** (one-sided)
dormire (*to sleep*)	**dormir**	**dormir**	**dormire**	**dormant** (inactive)
legere (*to read*)	**leer**	**lire**	**leggere**	**legible** (readable)

In succeeding lessons, we will explore more of the fascinating relationship between the English and Spanish languages.

CÁPSULA CULTURAL

¿A qué fecha estamos?

In most Spanish-speaking countries, Monday is the first day of the week. When telling or writing dates, Americans write the name of the month first and the number of the day second: January 1, February 9, July 12. We abbreviate those dates 1/1, 2/9, 7/12.

In Spanish, the opposite occurs: The number of the day comes first, the name of the month, second: **el primero de enero, el nueve de febrero, el doce de julio**. The dates are abbreviated **1/1, 9/2, 12/7.**

Repaso III
(Lecciones 9–12)

Lección 9

The verb **ser** is an irregular verb that means *to be*. Memorize all of its forms:

yo *soy*   nosotros ⎱
tú *eres*   nosotras ⎰ *somos*
Ud. *es*   Uds. *son*
él ⎱ *es*   ellos ⎱ *son*
ella ⎰   ellas ⎰

Lección 10

a. To conjugate an **-IR** verb, drop the **-IR** from the infinitive and add the appropriate endings:

Ejemplo: **abrir**

If the subject is

	add		to the remaining stem:	
yo	**o**			yo **abro**
tú	**es**			tú **abres**
Ud.	**e**			usted **abre**
él	**e**			él **abre**
ella	**e**			ella **abre**
nosotros ⎱ **nosotras** ⎰	**imos**			**nosotros** ⎱ **nosotras** ⎰ **abrimos**
Uds.	**en**			ustedes **abren**
ellos ⎱ **ellas** ⎰	**en**			**ellos** ⎱ **ellas** ⎰ **abren**

b. The verb **salir** (*to leave, to go out*) has an irregular **yo** form (**yo salgo**) and is followed by **de** before the name of a place:

Yo *salgo de* la escuela a las dos.

The combination **de** + **el** forms the contraction **del:**

Salimos *del* teatro a las cinco.

c. Other verbs with irregular yo forms:

dar	yo *doy*	**saber**	yo *sé*
poner	yo *pongo*	**traer**	yo *traigo*

197

Lección 11

a. In Spanish, there is a second verb meaning *to be*: **estar.** Some forms of **estar** are irregular and must be memorized:

yo *estoy*   nosotros ⎱ *estamos*
tú *estás*   nosotras ⎰

Ud. *está*   Uds. *están*

él ⎱ *está*   ellos ⎱ *están*
ella ⎰   ellas ⎰

b. **Ser** is used:

1. to express a permanent characteristic or to identify a subject:

Pedro *es* español.
El hombre *es* joven.
La señora *es* abogada.

2. to express time and dates:

¿*Qué hora es*? — *Es* la una.
Es el treinta de enero.
Hoy *es* martes, treinta de enero.

c. **Estar** is used when referring to location and when describing a temporary condition:

¿Dónde *está* Roberto?
La niña *está* bien.
Estamos muy contentos.

Lección 12

LOS DÍAS	LOS MESES	
el lunes	enero	julio
el martes	febrero	agosto
el miércoles	marzo	septiembre
el jueves	abril	octubre
el viernes	mayo	noviembre
el sábado	junio	diciembre
el domingo		

___ ACTIVIDADES _____

A. **Acróstico.** Fill in the Spanish words, then read down the boxed column to find the mystery word:

1. tenth month   — — — — — — —

2. sixth day   — — — — — — —

3. hot   — — — — — —

4. to be   — — — —

5. sixth month   — — — — — —

6. tired   — — — — — — —

7. to open   — — — — —

8. cold   — — — — —

9. sad   — — — — — —

10. eighth month   — — — — — —

B. Unscramble these words. Then unscramble the letters in the circles to find out how the students go to school every day:

SELUN

SENRIEV

ADBOSÁ

TAMSER

ESJEVU

GIMODON

SILOCREMÉ

Solución:

C. Buscapalabras. Circle the eighteen words hidden in the puzzle and list them below. The words may be read from left to right, right to left, or up and down:

```
E  N  E  R  O  L  A  O  R  M
V  A  O  C  T  U  B  R  E  I
I  O  D  B  S  N  R  S  N  É
E  G  A  C  O  E  I  E  O  R
R  N  B  D  G  S  L  V  P  C
N  I  Á  M  A  R  T  E  S  O
E  M  S  A  Í  R  F  U  I  L
S  O  E  R  F  G  H  J  J  E
N  D  R  Z  R  A  T  S  E  S
M  A  Y  O  L  V  I  V  I  R
```

7 days of the week	6 months	4 verbs
_____	_____	_____
_____	_____	_____
_____	_____	_____
_____	_____	_____
_____	_____	1 adjective
_____	_____	_____
_____		

D. Verb game. Here are some pictures of people doing things. Describe each picture following the clues given:

1. El cartero _____ las cartas.

5. Los gatos _____ al árbol.

2. Yo _____ el lápiz a Juan.

6. Ud. _____ la puerta del automóvil.

3. Mi madre _____ .

7. Tú _____ un problema

en _____ .

4. La niña _____ en el sofá.

8. Nosotros _____ del cine.

E. Crucigrama:

HORIZONTALES

1. happy, satisfied
5. (you) know
7. three
8. water
10. (I) put
12. (he, she) gives
13. indefinite article
14. (he, she) sees
15. (you) read
17. thing
19. mailman
20. in, on
21. (he, she) looks at
22. tired

VERTICALES

1. singing
2. aunts
3. contraction
4. cold
5. to be
6. (I) leave, go out
9. (he, she) puts
10. doors
11. weeks
16. house
17. (I) eat
18. to be

F. Picture story. Can you read this story? Much of it is in picture form. When you come to a picture, read it as if it were a Spanish word:

Es el mes de . Es viernes, el último día de clases. Lupita, una

de 9 años, no está en la ; está en . ¡Pobre Lupita! Ella está

muy hoy; no está . Ella no tiene mucho apetito. La

de Lupita prepara una deliciosa, pero Lupita no desea .

Ella tiene muchos y , pero no desea . Lupita está

muy enferma. Ella no desea mirar la ' y no desea escuchar la .

Entra el doctor González. Es un inteligente y bueno. «Lupita, tienes

que tomar una y beber mucha . Mañana no hay clases.

Es sábado.»

Achievement Test I (Lessons 1–12)

1 Vocabulary [10 points]

Label the following pictures in Spanish with the correct definite article:

1. _____

4. _____

2. _____

5. _____

3. _____

6. _____

7. _____

9. _____

8. _____

10. _____

2 Verbs (20 points)

Complete each sentence with the correct form of the Spanish verb:

1. saber   Yo _____ hablar español.

2. beber   Nosotros _____ leche.

3. bailar   Él _____ la conga.

4. abrir   Ellos _____ los libros.

5. cantar   Tú _____ muy bien.

6. salir   Ud. _____ de la casa.

7. contestar   Pedro _____ las preguntas.

8. vivir   Pedro y María _____ en Puerto Rico.

9. trabajar   La muchacha _____ en la tienda.

10. poner   Yo _____ la comida en la mesa.

11. desear   Él _____ el papel.

12. comer   Nosotras _____ en el restaurante.

13. traer   Yo _____ el trabajo a casa.

14. leer   Mi padre _____ el periódico.

15. caer   Yo _____ cuando corro.

16. aprender   Ellos _____ la lección.

17. dar   Yo _____ un sombrero a mi hermano.

18. recibir   Uds. _____ el dinero.

19. ver   Yo _____ el automóvil.

20. mirar   La profesora _____ la televisión.

3 Negative and interrogative sentences [10 points]

a. Make the following sentences negative:

1. La profesora trabaja mucho.

   _____

2. Los automóviles pasan.

   _____

3. Tú contestas bien.

   _____

4. Ella practica la música.

   _____

5. Ellos escuchan la lección.

   _____

b. Change the statements to questions:

6. Usted habla español.

   _____

7. Ustedes cantan bien.

   _____

8. Yo estudio.

   _____

9. Tú comes mucho.

_____

10. La mujer trabaja.

_____

4 Ser and estar [10 points]

Complete the sentences with the correct form of **ser** or **estar:**

1. ¿Cómo _____ usted?

2. Yo _____ aquí.

3. Ella _____ profesora.

4. Ustedes _____ abogados.

5. Mi hermano _____ policía.

6. Yo _____ puertorriqueño.

7. El café _____ caliente.

8. La leche _____ fría.

9. Pedro _____ triste.

10. Nosotros _____ contentos.

5 Numbers [10 points]

Complete each sentence by writing the correct Spanish number:

1. Dos y dos son _____ .

2. Cuatro y dos son _____ .

3. Seis y dos son _____ .

4. Tres por cinco son _____ .

5. Diez menos cinco son _____ .

6. Diez dividido por cinco son _____ .

7. Cuatro por cuatro son _____ .

8. Nueve menos siete son _____ .

9. Quince y cinco son _____ .

10. Diez y ocho dividido por dos son _____ .

 Adjectives [10 points]

Write the correct form of the Spanish adjective:

1. red   el automóvil _____

2. white   la leche _____

3. blue   el cielo _____

4. green   las hojas _____

5. fat   el hombre _____

6. rich   las mujeres _____

7. pretty   la muchacha _____

8. French   la bandera _____

9. large   las casas _____

10. old   los hombres _____

 Telling time [10 points]

¿Qué hora es?

1. Es la _____ .   2. Son las _____

y _____ .

3. Es _____ .

4. Son las _____

y _____ .

5. Son las _____

menos _____ .

6. Son las _____

y _____ .

7. Son las _____

menos _____ .

8. Son las _____

y _____ .

9. Son las _____

menos _____.

10. Son las _____

y _____.

Days and months [10 points]

Complete the sentences:

1. Si hoy es martes, mañana es _____.

2. El fin de la semana es el _____ y el domingo.

3. El primer día de trabajo es _____.

4. Hay _____ días en una semana.

5. El primer mes es _____.

6. El último mes es _____.

7. Hay veinte y ocho días en el mes de _____.

8. Treinta días hay en septiembre, abril, junio y _____.

9. No hay clases en los meses de _____ y _____.

10. Hay _____ meses en un año.

Listening comprehension [6 points]

a. Multiple choice (English)

Listen to your teacher give you some background information in English. Then you will hear a passage in Spanish *twice*, followed by a question in English. After you have heard the question, look at the question and the four suggested answers in your book. Choose the best suggested answer and write its number in the space provided.

What is Mr. López?   _____

1. A doctor.   3. A teacher.
2. A lawyer.   4. A college student.

b. Multiple choice (Spanish)

Listen to your teacher give you some background information in English. Then you will hear a passage in Spanish *twice*, followed by a question in Spanish. After you have heard the question, look at the question and the four suggested answers in your book. Choose the best suggested answer and write its number in the space provided.

¿Adónde va usted a comprar las cosas?   _____

1. A la farmacia.   3. A la discoteca.
2. Al restaurante.   4. Al supermercado.

c. Multiple choice (Visual)

Listen to your teacher give you some background information in English. Then you will hear a passage in Spanish *twice*, followed by a question in English. After you have heard the question, look at the question and four pictures in your book. Choose the picture that best answers the question and circle its number.

Where do these activities take place?

1

3

2

4

Reading comprehension (4 points)

Choose the best answer to each of the two questions that follow a selection. Base your choice on the content of the selection. Write the number of your answer in the space provided.

a. Multiple choice (English)

El señor Romero no está bien. Está cansado todo el día y no tiene deseos de comer. Hoy no va al trabajo. Está enfermo y necesita visitar a un médico.

Una amiga dice que el doctor Matos es muy bueno. Es especialista y sabe mucho de medicina.

Cuando el señor Romero entra en la oficina del médico, le sorprende que en la sala de la consulta no hay hombres. Lee entonces en la pared: «Dr. Rodrigo Matos — especialista en enfermedades de mujeres».

What is the problem?   _____

1. Mr. Romero is a man.   3. Mr. Romero eats too much.
2. Mr. Romero needs a specialist. 4. Mr. Romero sleeps too much.

b. Multiple choice (Spanish)

Estoy muy contento hoy. Mañana es sábado y no hay clases. Mi hermana y yo vamos a una fiesta en casa de un amigo, Manuel. Es una fiesta de cumpleaños.

El domingo voy con mis padres a visitar a mi abuelo Pepe. Él vive en el campo en una casa muy grande y bonita. Allí hay flores y plantas en todas partes.

¿Qué día es en la lectura?   _____

1. Lunes.   3. Viernes.
2. Martes.   4. Miércoles.

Cuarta Parte

13 *El cuerpo*

The Verb **tener**; Expressions with **tener**

① EL MONSTRUO

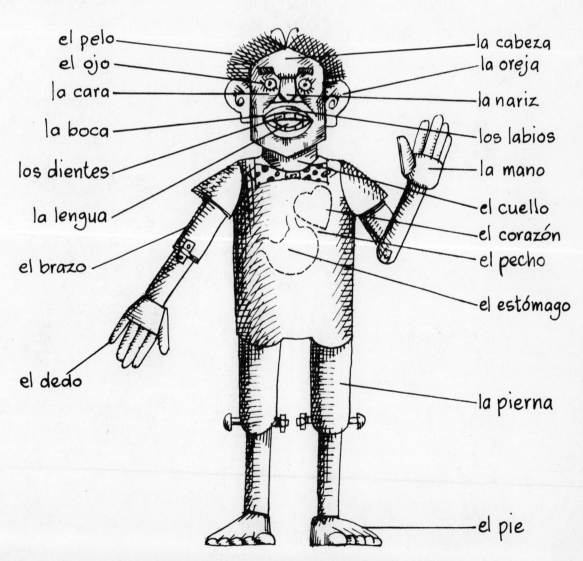

el pelo — la cabeza

el ojo — la oreja

la cara — la nariz

la boca — los labios

los dientes — la mano

la lengua — el cuello

el brazo — el corazón

— el pecho

— el estómago

el dedo — la pierna

— el pie

___ ACTIVIDADES _____

A. This monster may look weird, but the parts of his body are the same as yours and mine. Study the Spanish names for them and match the words with the correct pictures:

la boca   el cuello   la lengua   la oreja
el brazo   el dedo   la mano   el pelo
la cabeza   los dientes   la nariz   el pie
la cara   el estómago   los ojos   las piernas
el corazón   los labios

1. _____

5. _____

9. _____

2. _____

6. _____

10. _____

3. _____

7. _____

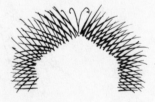

11. _____

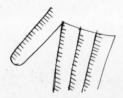

4. _____

8. _____

12. _____

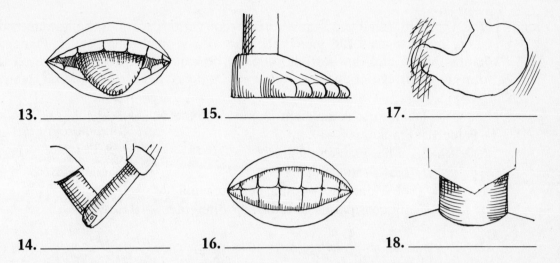

13. _____   15. _____   17. _____

14. _____   16. _____   18. _____

B. Every part of the body can do something. Match the part of the body with the action it can perform. Sometimes more than one part of the body will be appropriate. Write the matching part(s) in the space provided:

1. hablar _____

2. bailar _____

3. cantar _____

4. estudiar _____

5. preguntar _____

6. trabajar _____

7. mirar _____

8. beber _____

9. comer _____

10. leer _____

11. ver _____

12. correr _____

13. abrir _____

14. escribir _____

15. responder _____

16. subir _____

las manos
los dedos
la cabeza
la cara
la nariz
los ojos
las orejas
la boca
los labios
la lengua
los dientes
el pelo
los brazos
el estómago
los pies
las piernas

2   Now that you know the Spanish names for various parts of the human body, you're ready to read the incredible story of the mad scientist Dr. Francisco Frankenpiedra and the horrible monster he created: In this story are all the forms of the irregular Spanish verb **tener** (*to have*). See if you can find them:

LUGAR: el laboratorio de un científico loco, el doctor Francisco Frankenpiedra

el lugar *place*
el científico *scientist*
loco *crazy, mad*

PERSONAJES: el Dr. Frankenpiedra
Igor — su ayudante
el Monstruo — una combinación de muchas partes de cadáveres diferentes

el ayudante *assistant*

el cadáver *dead body*

DR. FRANKENPIEDRA:—**Tengo** una idea estupenda. Esta noche voy a crear una criatura horrible.

esta noche *tonight*

IGOR:—Sí, maestro.

maestro *master*

DR. F.:—Primero necesito un cuerpo. ¿**Tienes** un cuerpo, Igor?

IGOR:—Aquí **tiene** usted un cuerpo, maestro — un cuerpo viejo y feo.

DR. F.:—Bien, bien. Ahora necesito dos brazos, Igor.

IGOR:—Aquí están, maestro. Dos brazos largos y fuertes con mucho pelo.

largo *long*
fuerte *strong*

DR. F.:—Bueno. ¿Y las manos?

IGOR:—Aquí hay dos manos, una mano de hombre y otra mano de gorila.

DR. F.:—¿Cuántos dedos **tienen** las manos?

IGOR:—Diez dedos, maestro.

DR. F.:—Perfecto.

IGOR:—Pero una mano **tiene** siete dedos y la otra sólo tres.

DR. F.:—No importa. Ahora necesito los pies. ¿No **tenemos** pies?

IGOR:—Sí, maestro. **Tenemos** un pie grande y otro pequeño.

DR. F.:—Está bien. El monstruo no necesita bailar. Pero todavía no **tiene** cabeza.

todavía *yet*

IGOR:—Aquí está, maestro. Una cabeza pequeña con una cara estúpida.

DR. F.:—Magnífico. Y ahora, la corriente eléctrica para dar vida al monstruo.

la corriente *current*

BZZZZZZZZZZZZZZZZZZZZZZ

IGOR:—Mire. El monstruo vive. Desea hablar.

DR. F.:—¡Habla! ¡Habla!

MONSTRUO:—Yo hablo, tú hablas, él habla . . .

Dr. F.:¡Qué monstruo tan fantástico! Es un profesor de español. Es (*Fill in someone's name, someone who won't get too angry with you.*)

_____

__ ACTIVIDADES _____

C. ¿**Verdadero o falso?** If the statement is true, write **Verdadero.** If it is false, correct the statement:

1. El doctor Frankenpiedra es un científico loco.

_____

2. El monstruo tiene el cuerpo de un joven.

_____

3. El monstruo no tiene brazos.

_____

4. Cada mano tiene cinco dedos.

_____

5. El monstruo necesita pies para bailar.

_____

6. La cabeza tiene una cara inteligente.

_____

7. El doctor usa la electricidad para dar vida al monstruo.

_____

8. El monstruo no sabe hablar.

_____

9. El doctor trabaja solo (*alone*).

_____

10. El monstruo habla español.

_____

D. Fill in the Spanish names for the labeled parts of the body:

3 │ Did you find the forms of the irregular verb **tener** in our story? Here are the conjugated forms of **tener.** MEMORIZE them:

yo tengo	*I have*
tú tienes	*you have*
Ud. tiene	*you have*
él tiene	*he has*
ella tiene	*she has*
nosotros } **tenemos** **nosotras**	*we have*
Uds. tienen	*you have*
ellos } **tienen** **ellas**	*they have*

__ ACTIVIDADES _____

E. You are talking on the phone with a blind date. You want some information from that person. Ask the questions following the example:

    EXAMPLE: el pelo largo
                  ¿Tienes el pelo largo?

1. la nariz larga _____

2. las orejas pequeñas _____

3. el pelo negro _____

4. los ojos grandes _____

F. You are writing a letter to a pen pal, telling him/her some things about you and your family:

    EXAMPLE: mi papá / el pelo rubio
                  Mi papá tiene el pelo rubio.

1. mi hermana / la nariz larga

_____

2. mis primos / los pies grandes

_____

3. yo / los ojos verdes

_____

4. mis padres / los ojos pardos

_____

5. mi madre / las manos bonitas

_____

6. yo / las piernas largas

_____

G. You and your friends are talking about some of the things you have:

    EXAMPLE: Carlos / una bicicleta nueva
                  Carlos tiene una bicicleta nueva.

1. yo / dos gatos siameses

_____

2. Jorge y María / un automóvil rojo

_____

3. usted / muchas blusas bonitas

_____

4. tú / sombreros elegantes

_____

5. nosotros / muchos libros

_____

6. Rosita / el pelo bonito

_____

7. ustedes / una casa grande

_____

8. nosotros / muchas flores en el jardín

_____

4 More about **tener.** There are some very common expressions in Spanish that use the verb **tener.** The comparable English expressions use the verb *to be*:

tener calor	*to be warm*
tener frío	*to be cold*
tener hambre	*to be hungry*
tener razón	*to be right*
no tener razón	*to be wrong*
tener sed	*to be thirsty*
tener sueño	*to be sleepy*
tener suerte	*to be lucky*
tener ____ años	*to be ____ years old*

    EXAMPLES: **Voy a comer porque *tengo***   *I am going to eat because I*
                  hambre.   *am hungry.*
                 El bebé *tiene* mucho   *The baby is very sleepy.*
                 sueño.

NOTE: The expressions **tener calor** and **tener frío** are used only if the subject is a person or an animal. For objects, use the verb **estar**:

El muchacho *tiene* calor.   *The boy is warm.*

But:

El café *está* caliente.   *The coffee is warm.*

Here are two more important expressions with **tener:**

tener que + infinitive   *to have to*
tener ganas de + infinitive   *to feel like*

EXAMPLES: ***Tengo que trabajar* esta tarde.**   *I have to work this afternoon.*
***Tengo ganas de ir* al cine.**   *I feel like going to the movies.*

ACTIVIDADES

H. Match the Spanish expressions with their English equivalents:

1. Yo tengo hambre. _____
2. Ella tiene sed. _____
3. Nosotros tenemos frío. _____
4. Él tiene mucho calor. _____
5. María tiene quince años. _____
6. ¿Tiene Ud. que comer ahora? _____
7. Yo no tengo sed ahora. _____
8. Tú tienes ganas de bailar. _____
9. ¿Cuántos años tiene Ud.? _____
10. Tengo calor ahora. _____

a. She is thirsty.
b. He is very warm.
c. Mary is 15 years old.
d. How old are you?
e. I am not thirsty now.
f. You feel like dancing.
g. I am warm now.
h. I am hungry.
i. We are cold.
j. Do you have to eat now?

I. Here are some sentences in which a form of **tener** is used. Match these sentences with the pictures they describe:

El bebé tiene un año.
Yo tengo mucho calor.
El perro tiene sed.
Tú tienes que ir a la escuela.
No tengo ganas de estudiar.

Juan tiene el cuello largo.
Los niños no tienen frío.
Tenemos suerte.
¿Tienes hambre?
Las muchachas tienen el pelo largo.

1. _____

4. _____

2. _____

5. _____

3. _____

6. _____

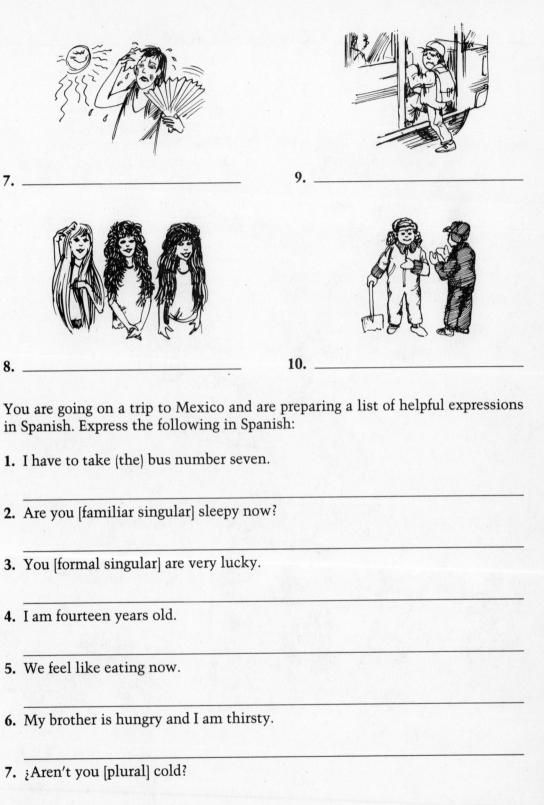

7. _____   9. _____

8. _____   10. _____

J. You are going on a trip to Mexico and are preparing a list of helpful expressions in Spanish. Express the following in Spanish:

1. I have to take (the) bus number seven.

   _____

2. Are you [familiar singular] sleepy now?

   _____

3. You [formal singular] are very lucky.

   _____

4. I am fourteen years old.

   _____

5. We feel like eating now.

   _____

6. My brother is hungry and I am thirsty.

   _____

7. ¿Aren't you [plural] cold?

   _____

8. No, we are not cold, we are warm.

   _____

CONVERSACIÓN

Vocabulario

hacer *(to) do, make*   correr *(to) run*

PREGUNTAS PERSONALES

1. ¿Cuántos años tienes?

   _____

2. ¿A qué hora tienes hambre?

   _____

3. ¿Qué bebes cuando tienes sed?

   _____

4. ¿Tienes buena suerte?

   _____

5. ¿Tienes ganas de estudiar los domingos?

   _____

INFORMACIÓN PERSONAL

Describe yourself:

   EXAMPLE: pelo   Tengo el pelo corto (_short_).

1. nariz _____

2. ojos _____

3. boca _____

4. manos _____

5. orejas _____

6. brazos _____

DIÁLOGO

You are the second person in this dialog. Write a suitable response to each dialog line following the cues provided:

¿Cuándo tiene Ud. frío?

_____

(Say that you are cold now.)

¿Cuándo tiene Ud. calor?

_____

(Say when you drink hot milk.)

¿Tiene Ud. siempre razón?

_____

(Respond negatively.)

¿Qué tiene Ud. por la noche?

_____

(Say that you are sleepy.)

THE COGNATE CONNECTION

Write the meanings of the following Spanish and English words. Then use each English word in a sentence:

SPANISH	ENGLISH COGNATE
1. vivir *(to live)*	revive *(bring back to life)*
2. pedir _____	petition _____
3. primero _____	primary _____
4. sentir _____	sentiment _____
5. tierra _____	terrestrial _____
6. pensar _____	pensive _____
7. mirar _____	mirage _____
8. mundo _____	mundane _____
9. libro _____	library _____
10. mano _____	manual _____

ENGLISH COGNATES USED IN CONTEXT

1. The lifeguard *revived* the unconscious man.

2. _____
3. _____
4. _____
5. _____
6. _____
7. _____
8. _____
9. _____
10. _____

List some other cognates of Spanish words in this lesson.

CÁPSULA CULTURAL

Jai-alai — the fastest game in the world

Some call it the fastest game on earth. Others call it the most dangerous game because of the blinding speed with which the ball hurtles through the air. The name of the game? **Jai-alai** or **Pelota vasca,** the fast-moving sport of the Basque provinces. **Jai-alai** is now played all over Spain and throughout the world.

Jai-alai is somewhat similar to handball, but there are major differences. Two teams of two players each compete. The game is played on a long, narrow, three-walled court called the **frontón,** which is about sixty yards long. The object of the game is to hurl the ball (**la pelota**) against one of the walls so that the opponent cannot return it. The **pelota** is the size of a tennis ball and looks just as harmless. But it is made of solid rubber covered with leather and is as hard as a baseball.

The players, whose hands never touch the ball, use a curved, basketlike glove called the **cesta** or **chistera.** This **chistera** is more than half a yard long and hollowed on the inside into a groovelike channel, in which the ball is caught and from which it is hurled. The **chistera** is attached to a player's wrist with leather thongs.

A wire fence separates the players from the spectators. When you see the amazing speed at which the ball can travel, you're glad that there is such a fence.

14 ¿Qué tiempo hace?

Weather Expressions; Seasons; the Verb **hacer**

¿Qué tiempo hace?

la primavera

En la primavera hace buen tiempo.
Llueve a veces (*sometimes*).

el verano

En el verano hace sol.
Hace calor.

el otoño

En el otoño hace viento.
Hace fresco.

el invierno

En el invierno nieva.
Hace frío.

ACTIVIDADES

A. **¿Qué tiempo hace hoy?** You are a weather forecaster. Match the following expressions with the correct pictures:

Hace viento.   Hace fresco.   Llueve.
Hace sol.   Hace calor.   Hace buen tiempo.
Hace frío.   Nieva.   Hace mal tiempo.

1. _____

2. _____

3. _____

4. _____

5. _____

6. _____

7. _____

8. _____

9. _____

B. Do you know which months belong to each season?

la primavera	el verano	el otoño	el invierno
_____	_____	_____	_____
_____	_____	_____	_____
_____	_____	_____	_____

2 Did you notice how the weather is expressed in Spanish? You use the verb **hacer** (*to make, to do*). **Hacer** has an irregular **yo** form, but in the other forms it is conjugated like a regular **-ER** verb:

yo hago	*I do, I make*
tú haces	*you do, you make* (familiar)
Ud. hace	*you do, you make* (formal)
él hace	*he does, he makes*
ella hace	*she does, she makes*
nosotros } nosotras } hacemos	*we do, we make*
Uds. hacen	*you do, you make* (plural)
ellos } ellas } hacen	*they do, they make*

NOTE: The verb **hacer** is not used in two weather expressions:

Nieva.	*It snows. It is snowing.*
Llueve.	*It rains. It is raining.*

__ ACTIVIDADES _____

C. Here are some things people can do. Fill in the correct form of **hacer:**

1. ¿Qué _____ Uds. en casa ahora?

2. Mi hermana _____ las tareas todos los días.

3. ¿Qué _____ tú esta noche?

4. Nosotros _____ planes para el verano.

5. María y Carmen _____ mucho ruido (*noise*).

6. Yo estoy _____ un trabajo importante.

7. Ellos _____ una lista de cosas para comprar.

8. ¿_____ Ud. la comida hoy?

9. Yo _____ muchas preguntas en clase.

10. Nosotras _____ ejercicio todos los días.

D. Label these pictures:

1. _____

3. _____

2. _____

4. _____

5. _____   6. _____

 El año tiene cuatro estaciones. Vamos a ver si Uds. reconocen la estación por su descripción.

reconocer *to recognize*

1. Esta estación es muy bonita. Llueve un poco, pero por lo general hace buen tiempo. Hay muchas flores en los parques. Todo está verde. Los pájaros cantan en los árboles. La gente no lleva mucha ropa. La fiesta más importante de esta estación es la Pascua Florida. También celebramos el Día de San Patricio, el Día de las Madres y el Día de los Padres. Aquí en los Estados Unidos celebran (¡cuidado!) el Día de los Inocentes el primero de abril. (En los países hispanos se celebra el veinte y ocho de diciembre.)

un poco *a little*
por lo general *in general*
el pájaro *bird*
la gente *people*
la ropa *clothes*
la Pascua Florida *Easter*

cuidado *careful*

el país *country*

Esta estación es _____.

2. Esta estación es la favorita de muchos niños porque tienen vacaciones muy largas y no hay clases. Hace mucho calor y mucho sol. Las playas están llenas de gente. Los días son largos y las noches son cortas. Las fiestas importantes son el Día de la Independencia y el Día del Trabajo (que se celebra en los países hispanos el primero de mayo).

la playa *beach*
lleno *full*
la noche *night*

Esta estación es _____.

3. En esta estación abren las escuelas y los niños regresan a las clases. Muchos niños están tristes, pero es una estación agradable. No hace ni mucho frío ni mucho calor, pero a veces hace mucho viento. Hay muchos días de fiesta: el Día de la Raza (el aniversario del descubrimiento de América por Cristóbal Colón), la Víspera de Todos los Santos y el Día de Acción de Gracias.

regresar *to return*

ni..ni *neither..nor*

el Día de la Raza *Columbus Day*
aniversario *anniversary*
la Víspera de Todos los Santos *Halloween*
la Acción de Gracias *Thanksgiving*

Esta estación es _____.

4. Durante esta estación hace mucho frío y nieva. **durante** *during*
Las personas llevan mucha ropa cuando salen de
la casa. Las noches son largas y mucha gente cree
que es una estación triste. Pero hay muchas fies- **la Navidad** *Christmas*
tas populares: la Navidad, el Año Nuevo, los na- **el natalicio** *birthday*
talicios de Abraham Lincoln, George Washington (anniversary)
y Martin Luther King, Jr., y el Día de San Valentín **enamorados** *lovers*
o Día de los Enamorados.

Esta estación es _____ .

___ ACTIVIDADES _____

E. Complete the sentences based on the story:

1. El año tiene _____ estaciones.

2. Las estaciones son la _____, el _____, el _____

   y el _____ .

3. La estación de las flores se llama _____ .

4. Los muchachos no van a la escuela durante _____ .

5. Durante el verano hace mucho _____ y mucho _____ .

6. Los niños regresan a la escuela en _____ .

7. El día en que celebramos el descubrimiento de América se llama en español

   _____ .

8. En el _____ nieva mucho.

9. Muchos niños reciben regalos (*presents*) en _____ .

10. El primero de enero celebramos _____ .

11. En el invierno hace _____ .

12. En los países hispanos se celebra _____ el primero de
    mayo.

F. Which holidays are suggested by these pictures? Write your answer below each picture, choosing from the following list:

el Año Nuevo
el Natalicio de Washington
el Natalicio de Lincoln
el Día de Acción de Gracias
el Día de la Independencia
el Día de la Raza

el Día de las Madres
el Día de los Padres
el Día de los Enamorados
la Navidad
la Pascua Florida
la Víspera de Todos los Santos

1. _____

4. _____

2. _____

5. _____

3. _____

6. _____

7. _____

10. _____

8. _____

11. _____

9. _____

12. _____

 The verb **hacer** has another special use in Spanish. Look at these sentences:

Hace dos años que vivo aquí.   *I have been living here for two years.*
Hace un mes que estudias   *You have been studying Spanish for*
español.   *a month.*
Hace una semana que Carlos   *Carlos has been sick for a week.*
está enfermo.

In Spanish, the construction **hace** + an expression of time + **que** + the present tense expresses an action or event that began in the past and is still going on:

	EXPRESSION OF TIME		PRESENT TENSE	
Hace	dos años	que	vivo	aquí.
Hace	una semana	que	Carlos está	enfermo.

__ ACTIVIDAD _____

G. You are telling a friend for how long you've been doing certain things:

EXAMPLE: estudiar español / un año
Hace un año que estudio español.

1. vivir en la ciudad / cinco años

_____

2. salir con Rosa (Jorge) / tres meses

_____

3. tener un automóvil / una semana

_____

4. aprender a bailar / seis meses

_____

5. leer esa novela / cuatro días

_____

6. ser amigo (amiga) de José / muchos años

_____

7. trabajar en el verano / dos años

_____

8. hacer las tareas / tres horas

_____

CONVERSACIÓN

Vocabulario

me gusta *I like (it)*
a mí también *me too*
no sé nadar *I don't know how to swim*

prácticamente *practically*
entonces *then*

PREGUNTAS PERSONALES

1. ¿Qué tiempo hace hoy?

   _____

2. ¿A qué hora haces las tareas?

   _____

3. ¿Qué haces los domingos?

   _____

4. ¿Qué haces el Día de la Independencia?

   _____

5. ¿Qué haces en el verano?

   _____

INFORMACIÓN PERSONAL

Do you have a favorite season or time of year? Write a short paragraph in Spanish (about five or six sentences) telling: (a) your favorite season; (b) the months that fall in that season; (c) the kind of weather one can usually expect; (d) the holidays that occur in that season; and (e) two things that you like to do during the season.

_____

_____

_____

_____

_____

_____

_____

DIÁLOGO

Complete this conversation by using expressions chosen from the following list:

No muy bien. Por eso no nado lejos de
  la playa.
Cuando hace sol, estoy siempre
  en la playa.

Hace fresco, pero no nieva.
¡Cuidado! Es una estación triste.
Sí, mucho, pero me gusta así.
Gracias. Ahora voy a nadar.

THE COGNATE CONNECTION

Write the meanings of the following Spanish and English words. Then use each English word in a sentence:

SPANISH	ENGLISH COGNATE
1. agua *(water)*	aquatic *(living in water)*
2. brazo _____	embrace _____
3. ciento _____	century _____
4. duro _____	durable _____
5. enfermo _____	infirmary _____
6. fácil _____	facilitate _____
7. hierba _____	herbicide _____
8. lavar _____	lavatory _____
9. menos _____	minus _____
10. noche _____	nocturnal _____

ENGLISH COGNATES USED IN SENTENCES

1. A shark is an *aquatic* creature.

2. _____

3. _____

4. _____

5. _____

6. _____

7. _____

8. _____

9. _____

10. _____

List some other English cognates of the Spanish words in this lesson.

CÁPSULA CULTURAL

La historia del chocolate

Everyone loves chocolate. Some people can't seem to get enough of it. They're called "chocoholics." But did you ever wonder how this marvelous food came to be?

Chocolate is made from the beans or seeds of the cocoa plant, which is native to South America. In the sixteenth century, the **conquistador** (*conqueror*) of Mexico, Hernán Cortez, saw how Montezuma, the Aztec emperor, drank a beverage called **xocoatl**, prepared from cocoa beans. This liquid was considered so precious that it was drunk from gold cups. In fact, the cocoa beans themselves were used by the Aztecs as a form of money.

Natural cocoa had a bitter taste, but the Spaniards added water and sugar to make hot chocolate. Soon this beverage became the favorite drink of the Spanish noble class.

From Mexico, chocolate soon spread throughout the Americas and the world. In the nineteenth century, chocolate as we know it came into being.

Today, it is hard to imagine a place on earth where people do not know of this popular food.

15 *Mi casa*

Possessive Adjectives

1 Look at the pictures and try to guess the meanings of the new words:

la casa

el edificio de apartamentos

el piso

el apartamento

el comedor

la sala

el cuarto de baño

el dormitorio/el cuarto

la cama

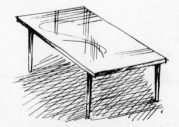

la mesa

la cocina

el sillón

el sofá

ACTIVIDADES

A. You have just moved into a new house. Tell the movers where to put your things:

EXAMPLE: en la cocina

1. _____

2. _____

3. _____

4. _____

5. _____

6. _____

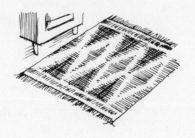

7. _____   8. _____

B. You are writing a composition about your house. Complete these sentences:

1. Yo vivo en _____ .

2. Mi madre prepara la comida en _____ .

3. Yo como en _____ .

4. Miro la televisión en _____ .

5. En la sala hay _____ .

6. Yo duermo *(I sleep)* en _____ .

2 In this lesson you are going to learn how to say that something belongs to someone. You will learn about possession and possessive adjectives:

Es *mi* perro.   **Son *mis* perros.**

Look at the pictures. The little girl holding one dog says **Es *mi* perro.** The other girl, holding many dogs, says **Son *mis* perros.** What does **mi** mean? _____

What does **mis** mean? _____ How many words are there in Spanish for *my*?

_____ When is **mis** used? _____

___ ACTIVIDAD _____

C. You have been asked to show the class some of your things. Form sentences with **mi** or **mis**:

EXAMPLE: cuaderno   Aquí está mi cuaderno.

1. lápices   _____

2. regla   _____

3. diccionario   _____

4. plumas   _____

5. composición _____

6. mapas   _____

Es *tu* gato.   **Son *tus* gatos.**

In these pictures, a boy says to one girl **Es *tu* gato** (*It's your cat*) and to the other girl **Son *tus* gatos** (*They are your cats*).

How many cats does the first girl have? _____ How many cats does

the second girl have? _____ What are the two words in Spanish for

your (familiar)? _____ and _____. When is **tu** used? _____

When is **tus** used? _____.

___ ACTIVIDAD _____

D. You are asking a friend where some people and things are. Form questions with **tu** or **tus:**

    EXAMPLE: bicicleta   ¿Dónde está tu bicicleta?

1. padre   _____

2. hermanos   _____

3. dormitorio   _____

4. cuarto de baño   _____

5. libros   _____

6. amigas   _____

Es *nuestro* padre.

Es *nuestra* madre.

Son *nuestros* amigos

Son *nuestras* amigas.

Now look at this group of possessive adjectives:

Es *nuestro* padre.	*It's our father.*
Es *nuestra* madre.	*It's our mother.*
Son *nuestros* amigos.	*They are our friends.*
Son *nuestras* amigas.	*They are our friends.*

Which subject pronouns do **nuestro, nuestra, nuestros,** and **nuestras** bring to mind? _____ What do **nuestro, nuestra, nuestros,** and **nuestras** mean? _____

When do you use **nuestro?** _____

When do you use **nuestra?** _____

When do you use **nuestros?** _____

When do you use **nuestras?** _____

___ ACTIVIDAD _____

E. Some friends are visiting your family and you show them around. Form sentences with **nuestro, nuestra, nuestros,** and **nuestras:**

EXAMPLE: dormitorios   Aquí están nuestros dormitorios.

1. sala   _____

2. discos   _____

3. cuarto de baño _____

4. refrigerador   _____

5. lámparas   _____

6. cocina   _____

7. sillones   _____

8. mesas   _____

Es *su* libro.   **Son *sus* libros.**

In these two pictures, a boy is saying **Es *su* libro** and **Son *sus* libros.** By now you know that **su** is used with a singular noun and **sus** with a plural noun. The problem here is different: Is the boy talking to the man and saying *It's your (formal) book* or is he pointing to the man and saying *It's his book*? There is no way to know. **Su** and **sus** have four different meanings:

$$\textbf{su libro} \begin{cases} your\ (formal)\ book \\ his\ book \\ her\ book \\ their\ book \end{cases} \qquad \textbf{sus libros} \begin{cases} your\ (formal)\ books \\ his\ books \\ her\ books \\ their\ books \end{cases}$$

Later on we'll see how we get around this problem in Spanish.

___ ACTIVIDADES ___

F. Your mother has asked you to pick up your things from the living room. You are telling her that they are not yours, they are your sister's:

EXAMPLE: discos   No son mis discos, son sus discos.

1. libros _____

2. ropa _____

3. plato _____

4. sombrero _____

5. periódicos _____

6. blusas _____

G. Underline the correct possessive adjective:

1. (mi, mis) amigos
2. (tu, tus) cama
3. (nuestro, nuestra, nuestros, nuestras) casas
4. (su, sus) sillas
5. (su, sus) tías
6. (mi, mis) cuarto
7. (su, sus) fiesta
8. (su, sus) familia
9. (nuestro, nuestra, nuestros, nuestras) dinero
10. (mi, mis) periódicos

H. Complete the sentences with the correct possessive adjective:

1. (our) _____ profesora es española.

2. (her) _____ automóvil es rojo.

3. (my) _____ padre trabaja en un garaje.

4. (our) _____ amigos están corriendo.

5. (your, familiar) _____ periódico es viejo.

6. (his) _____ escuela es moderna.

7. (their) _____ médico no trabaja los sábados.

8. (your, formal) _____ secretaria sabe español.

9. (his) _____ ciudad tiene muchos parques.

10. (her) _____ blusas son elegantes.

 Let's summarize all the possessive adjectives:

mi, mis	*my*
tu, tus	*your* (familiar)
nuestro, nuestra, nuestros, nuestras	*our*
su, sus	*your* (formal) *his, her* *your* (plural) *their*

7 Now you are ready to read this conversation between two little girls, Anita and Luisita. You can see that they're trying hard to impress each other:

ANITA:—Buenas tardes, Luisita. ¿Cómo estás hoy?

LUISITA:—Regular, Anita. ¡Tengo tanto trabajo!   **tanto** *so much*

ANITA:—¿Trabajo? ¿Por qué tienes tanto trabajo?

LUISITA:—Nuestra familia vive en una casa muy grande. Hay muchos cuartos y yo siempre ayudo a mi mamá cuando ella limpia la casa.   **limpiar** *to clean*

ANITA:—Ah, sí, comprendo perfectamente. Nuestro apartamento es enorme. Tenemos diez cuartos. Mis padres tienen un dormitorio muy grande. Mi hermana y yo compartimos un dormitorio y mi hermano tiene un dormitorio para él solo.   **compartir** *to share*

LUISITA:—¿Cuántos cuartos de baño tienes en tu apartamento?

ANITA:—Dos. Además tenemos una sala donde mis padres reciben a sus amigos, un comedor donde comemos y una cocina donde nuestra criada prepara la comida.   **además** *besides*

la criada *maid*

LUISITA:—Sí, nosotros también tenemos una criada para cocinar y para servir la comida.   **cocinar** *to cook*

(En ese momento entra la mamá de Luisita.)

MAMÁ (a su hija):—Luisita, ¿por qué dices que tenemos una criada? Tú sabes que no es verdad.   **dices** *you say*
no es verdad *it isn't true*

LUISITA:—Yo sé, mamá. Pero eso es sólo hablar por hablar. Anita conoce nuestra familia y su familia también vive en un apartamento pequeño.   **hablar por hablar** *to talk for talk's sake*
conocer *to know*

____ ACTIVIDAD _____

I. Complete the sentences based on the story:

1. Luisita y Anita son _____ .

2. Luisita siempre _____ cuando su mamá _____ .

3. Según (*According to*) Luisita, su casa tiene _____ .

4. El apartamento de Anita es _____ y tiene _____ .

5. Anita y su hermana _____ .

6. La criada prepara la comida en _____.

7. La familia come en _____.

8. Sus padres reciben a sus amigos en _____.

9. En el apartamento de Anita hay _____ dormitorios y _____ cuartos de baño.

10. La verdad es que Anita y Luisita viven en _____.

 As you have seen, **su** and **sus** have four possible meanings each. This situation can create a problem. Imagine that you have to say the following in Spanish:

> Your book is on the table, his book is on the chair,
> and her books are on the floor.

You would have trouble making yourself understood in Spanish if you said:

> **Su libro está en la mesa,** *su* **libro está en la silla**
> **y** *sus* **libros están en el suelo.**

To make sure the person listening knows which meaning of **su** or **sus** is intended, you can replace the possessive adjectives with more precise expressions:

> *El libro de usted* **está en la mesa,** *el libro de él* **está**
> **en la silla y** *los libros de ella* **están en el suelo.**

In general:

su **libro** *or*	**el libro** *de usted (de ustedes)* **el libro** *de él* **el libro** *de ella* **el libro** *de ellos(-as)*	= { *your book* *his book* *her book* *their book*
sus **libros** *or*	**los libros** *de usted (de ustedes)* **los libros** *de él* **los libros** *de ella* **los libros** *de ellos(-as)*	= { *your books* *his books* *her books* *their books*

NOTE: In Spanish, **de** + pronoun (or noun) indicate possession:

La casa *de Anita* **tiene diez cuartos.**	*Anita's house has ten rooms.*
El auto *del doctor* **es pequeño.**	*The doctor's car is small.*
(de + el = del)	

___ ACTIVIDAD _____

J. Express the following sentences in Spanish in two ways:

EXAMPLE: *His cat is big.*   Su gato es grande.
El gato de él es grande.

1. Her blouses are pretty. _____

_____

2. I use their (masc.) dictionary. _____

_____

3. His mother is at home. _____

_____

4. Your (plural) dog is here. _____

_____

5. She is in your (formal) room. _____

_____

6. You live in their (fem.) house. _____

_____

7. Her records are on her bed. _____

_____

8. We invite his friends. _____

_____

9. ¿Is your (plural) house large? _____

_____

10. Their (masc.) schools are modern. _____

_____

_____ *PREGUNTAS PERSONALES* _____

1. ¿Vives en una casa o en un apartamento?

   _____

2. ¿Cuántos dormitorios hay en tu casa?

   _____

3. ¿Cuántos pisos tiene tu casa (el edificio donde vives)?

   _____

4. ¿Dónde está la televisión en tu casa?

   _____

5. ¿Dónde comen ustedes?

   _____

6. ¿Qué muebles (*furniture*) hay en la sala de tu casa?

   _____

7. ¿Quién cocina en tu casa?

   _____

_____ *INFORMACIÓN PERSONAL* _____

Draw your house and label the rooms and their furniture in Spanish:

CONVERSACIÓN

Vocabulario

el aparato electrodoméstico *electrical appliance*   **totalmente gratis** *absolutely free*

DIÁLOGO

Complete the following dialog, choosing expressions from the following list:

Todos los cuartos son grandes.   Claro. Hay aire acondicionado.
Es muy moderna.   Hay _____ cuartos.
Todo es eléctrico.   La casa tiene muchas ventanas.

THE COGNATE CONNECTION

Write the meanings of the following Spanish and English words. Then use each English word in a sentence:

SPANISH	ENGLISH COGNATE
1. aprender *(to learn)*	apprentice *(beginner in a trade or occupation)*
2. bailar _____	ballet _____
3. cantar _____	chant _____
4. cuanto _____	quantity _____
5. día _____	diary _____
6. escribir _____	inscribe _____
7. feliz _____	felicity _____
8. padre _____	paternal _____
9. libre _____	liberty _____
10. pobre _____	poverty _____

ENGLISH COGNATES USED IN SENTENCES

1. In order to become a skilled carpenter, one has to start out as an *apprentice*.

2. _____

3. _____

4. _____

5. _____

6. _____

7. _____

8. _____

9. _____

10. _____

List some other English cognates of the Spanish words in this lesson.

CÁPSULA CULTURAL

La casa española

Unlike most private houses in the United States, Spanish homes do not have front yards or backyards. You can often see people sitting on chairs in the street during the warm afternoon and evening hours.

In Southern Spain, houses have an inner courtyard called **un patio.** This **patio** is filled with potted plants and flowers and sometimes even has a fountain. A corridor, called **un zaguán,** leads from the street to this interior **patio.**

Nearly every home has a wrought-iron balcony and window grills, called **rejas.** These iron bars let in fresh air while protecting the house. They have also introduced an interesting Spanish custom. A young woman being courted by a young man stands behind the **reja** of a long window, which reaches almost to street level. Before being admitted into the house to be introduced to her parents, the boyfriend gets to know the girl by conversing with her through the iron grill. The custom is humorously called **comiendo hierro** (*eating iron*).

16 *La comida*

What to Say When You Like Something; the Verb **gustar**

1 Las comidas del día

EL DESAYUNO

el vaso de jugo de naranja

el cereal con leche

los huevos fritos y el tocino

la tostada con mantequilla

la taza de café

el azúcar

ACTIVIDAD

A. Las comidas para hoy. Our chef today is **Carlos el Cocinero** (*Charles the Cook*). He has prepared three meals for us. Here is the first: breakfast. Can you describe in Spanish what it consists of. Label each picture:

El desayuno

EL ALMUERZO

el sandwich de jamón y queso

la ensalada de lechuga y tomate

la mayonesa

la mostaza

la sal

la pimienta

las papas fritas

la manzana

la pera

la soda

las uvas

___ ACTIVIDADES _____

B. Here is Carlos the Cook's menu for our lunch. Label the pictures:

El almuerzo

C. You are having lunch with several friends at a cafeteria and you need certain items:

EXAMPLE: Necesito la sal, por favor.

1. _____

2. _____

3. _____

4. _____

5. _____

6. _____

LA CENA / LA COMIDA

el pan

la sopa

el pollo

el bistec

el puerco

el arroz con frijoles

las papas

las legumbres

el pudín (de chocolate)

el helado (de vainilla)

el vino

__ ACTIVIDADES __

D. And here is our dinner menu. Label the pictures:

La cena

E. You come home and ask your mother what's for dinner. Here are her answers:

EXAMPLE: Hay pollo.

1. _____

4. _____

2. _____

5. _____

3. _____

6. _____

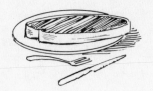   

7. _____   8. _____

2 | Look carefully at these sentences using forms of the verb **gustar** (*to like*):

I	II

Me gusta **el jugo de naranja.**   *Me gustan* **las manzanas.**
Me gusta **el jamón.**   *Me gustan* **el jamón y el queso.**
Me gusta **el pan con mantequilla.** *Me gustan* **los huevos fritos.**

Me gusta and **me gustan** mean *I like* in Spanish. What's the difference between the two expressions? How many are referred to in each example in Group I?

_____ How many are referred to in the examples in Group II?

_____ It's easy, then: If what you like is SINGULAR, use **me gusta.** If what you like is PLURAL, use **me gustan.**

What if you like an activity? Look at these examples:

Me gusta **comer** bien.   *I like to eat well.*
Me gusta **jugar** al fútbol.   *I like to play football.*
Me gusta también **nadar**.   *I also like to swim.*

Me gusta may also be followed by the INFINITIVE of a verb.

___ ACTIVIDAD _____

F. Say that you like the following:

EXAMPLE: ___Me gustan___ sus ojos.

1. _____ leer novelas.   6. _____ las tostadas.

2. _____ las uvas.   7. _____ Madrid.

3. _____ el pelo largo.   8. _____ bailar salsa.

4. _____ la ropa moderna.   9. _____ los helados.

5. _____ las papas fritas.   10. _____ los chocolatines.

3 Now that you know how to say *I like*—**me gusta** or **me gustan**—here are the other forms:

Te gusta la pera.	You (familiar) *like the pear.*
Te gustan las peras.	You (familiar) *like (the) pears.*
Le gusta el restaurante.	{ You (formal) *like the restaurant.* / He/She likes the restaurant.
Le gustan los restaurantes.	{ You (formal) *like (the) restaurants.* / He/She likes (the) restaurants.
Nos gusta la ensalada.	We like the salad.
Nos gustan las ensaladas.	We like (the) salads.
Les gusta la bebida.	{ You (plural) *like the drink.* / They like the drink.
Les gustan las bebidas.	{ You (plural) *like the drinks.* / They like the drinks.

Notice that you follow the same rule for all forms: Use **gusta** for the SINGULAR or an INFINITIVE; use **gustan** for the PLURAL.

CAUTION: With **gustar**, never use the subject pronouns **yo, tú, él, ella, Ud., nosotros, Uds., ellos, ellas.**

4 What happens when you don't like or when someone doesn't like something? Simply place the word **no** before the pronoun:

No me gusta la sopa.	I don't like (the) soup.
No le gustan las legumbres.	He/She doesn't (You don't) like vegetables.

Asking a question is even simpler. Just use a rising pitch of voice when speaking or place question marks when writing:

¿Te gusta el pollo?	Do you like (the) chicken?
¿No les gustan los vasos?	Don't you like the glasses?

___ ACTIVIDADES _____

G. Match the English meaning with the Spanish expression and write the matching letter in the space provided:

1. Me gusta el cine.   _____   a. He doesn't like to write letters.
2. ¿Te gusta mi planta?   _____   b. Does she like the flowers?
                                                          c. I don't like hats.
3. No le gusta escribir cartas.   _____   d. Do you like my plant?
                                                          e. They like vegetable soup.
4. Nos gustan los días de fiesta.   _____   f. I like the movies.
                                                          g. You like the tomato salad.
5. ¿Le gustan las flores?   _____   h. We like the white house.
                                                          i. Don't they like cold soda?
6. ¿No les gusta la soda fría?   _____   j. We like the holidays.

7. No me gustan los sombreros.   _____

8. Les gusta la sopa de legumbres.   _____

9. Te gusta la ensalada de tomates.   _____

10. Nos gusta la casa blanca.   _____

H. You are discussing your likes and dislikes with some people. Write a sentence for each subject (indicated by the pronoun in parentheses):

EXAMPLES: el café (yo)   Me gusta el café.
           no / las papas (Uds.) No les gustan las papas.

1. caminar (nosotros) _____

2. no / el teatro (tú) _____

3. estudiar español (ellos) _____

4. la leche fría (ella) _____

5. las clases de español (Ud.) _____

6. la comida mexicana (yo) _____

7. no / estudiar mucho (Uds.) _____

8. las manzanas rojas (nosotros) _____

9. no / la mostaza (tú) _____

10. los huevos fritos (él) _____

Suppose the "thing liked" is not a noun but a pronoun? For example, how do you say *I like it* or *I like them?* Here's how:

Me gusta.	*I like it.*	**Te gusta.**	*You like it.*
Me gustan.	*I like them.*	**Te gustan.**	*You like them.*
No me gustan.	*I don't like them.*	**¿No te gustan?**	*Don't you like them?*

The rule is simple. If "the thing liked" is *it*, use **gusta;** if "the thing liked" is *them*, use **gustan.**

As you have probably noticed, a problem may arise when **le** or **les** is used with forms of **gustar.** Imagine that you had to say something like this in Spanish:

She likes to dance and *he* likes to sing. What do *you* like to do?

If you say

Le gusta bailar y *le* gusta cantar. ¿Qué *le* gusta hacer?

the meaning would not be clear. So, for clarity, you say:

A *ella* le gusta bailar y *a él* le gusta cantar. ¿Qué le gusta hacer *a usted*?

What little word did we put before the pronouns **él, ella**, and **usted?** _____.
It's very simple: To clarify the meaning of **le gusta, les gusta, le gustan,** or **les gustan,** put **a** plus the pronoun at the beginning of the sentence:

A *ellos* les gusta mirar la televisión.
A *usted* no le gusta trabajar.
¿Le gustan *a ella* las rosas?   or   **¿A *ella* le gustan las rosas?**

Now look at one more situation involving the use of **gustar:**

A *Jorge* le gustan las frutas.
A *los niños* les gustan los helados.

What little word did we put before **Jorge** and **los niños?** _____. Right. To say that someone likes (or dislikes) something and the someone is a name or a noun, put **a** plus the name or noun before **le(s) gusta(n).** (Remember that **a + el = al:** *Al niño* **le gusta el helado.**)

___ ACTIVIDADES _____

I. Answer the following questions in the affirmative:

    1. ¿Al niño le gusta la sopa?

    _____

    2. ¿A ella le gusta el café con azúcar?

    _____

    3. ¿A Juanita le gustan las uvas?

    _____

    4. ¿A ella le gusta caminar?

    _____

    5. ¿A ellos les gustan los tomates?

    _____

    6. ¿A los profesores les gustan las vacaciones?

    _____

    7. ¿A él le gusta el cereal con leche?

    _____

    8. ¿Al bebé le gusta el jugo?

    _____

J. Make all sentences in Actividad I negative:

    1. _____

    2. _____

    3. _____

    4. _____

    5. _____

    6. _____

    7. _____

    8. _____

⑧ Now enjoy this conversation in a restaurant:

CAMARERO: —Muy buenas tardes.

SR. QUESADA: —Buenas tardes. Una mesa para dos, por favor.

el camarero *waiter*

CAMARERO: —Aquí está. ¿Desean Uds. tomar algo?

algo *something*

SR. QUESADA: —No, gracias. ¿Tiene Ud. un menú?

SRA. DE QUESADA: —Ay, ¡cuánto me gusta ir a un restaurante y comer cosas diferentes! ¿No te gusta también, mi vida?

cuánto me gusta *how much I enjoy*

SR. QUESADA: —Sí, claro. Bueno, yo voy a pedir el pollo con papas fritas y un vaso de vino. Y de postre, un helado de vainilla.

claro *of course*
pedir *to order*
el postre *dessert*

SRA. QUESADA: —Oh, no, Pepe. Yo creo que tú estás muy gordo. No debes comer ni papas fritas ni helado. Además, el azúcar y el alcohol del vino no son buenos para la salud. ¿No te gustan los huevos?

no debes *you shouldn't*

la salud *health*

SR. QUESADA: —Pero Lupita, mi amor...

SRA. QUESADA: —Camarero, dos huevos duros, una tostada y un vaso de agua fría para mi marido.

huevos duros *hard-boiled eggs*
el marido *husband*
ay de mí *poor me*

SR. QUESADA: —¡Ay de mí!

CAMARERO: —Y Ud., señora, ¿qué va a pedir?

SRA. QUESADA: —Como soy flaca, yo voy a comer un bistec con puré de papas, una soda y, de postre, el pudín de chocolate. Nos gusta tanto comer en los restaurantes, amorcito, ¿no es verdad?

como *since*
puré de papas *mashed potatoes*

ACTIVIDAD

K. Answer these questions in complete sentences:

1. ¿Dónde están los señores Quesada?

2. ¿Les gusta a ellos comer en restaurantes?

3. ¿Qué desea pedir el Sr. Quesada?

4. ¿Qué le gusta de postre?

5. ¿Qué cree la señora Quesada?

6. Según la señora Quesada, ¿qué debe comer su marido?

_____

7. ¿Cómo es la señora Quesada?

_____

8. ¿Qué le gusta comer a ella?

_____

9. ¿Le gustan los huevos duros al Sr. Quesada?

_____

10. ¿Qué carne (*meat*) le gusta a la señora Quesada?

_____

_____ PREGUNTAS PERSONALES _____

1. ¿Qué te gusta hacer los domingos?

_____

2. ¿Qué carne te gusta?

_____

3. ¿Qué frutas te gustan?

_____

4. ¿Te gusta comer en un restaurante?

_____

5. ¿Qué no te gusta comer?

_____

_____ INFORMACIÓN PERSONAL _____

¿Qué te gusta comer en el desayuno?	¿Qué te gusta comer en el almuerzo?	¿Qué te gusta comer en la comida?
_____	_____	_____
_____	_____	_____
_____	_____	_____
_____	_____	_____

CONVERSACIÓN

Vocabulario

Buenas noches *Good evening*

DIÁLOGO

You are the second person in the dialog. Write an original response to each dialog line following the cues provided:

Buenas días, señor. Aquí tiene Ud. el menú.

_____
_____

(Say thank you and ask if they have ham and cheese sandwiches.)

Sí, claro. ¿Le gusta el sandwich caliente o frío?

_____
_____

(Say that you like it hot.)

¿Qué bebida desea tomar?

_____
_____

(Say that you want a glass of cold water and a coffee.)

¿Desea algo más?

_____
_____

(Say yes, you want french fries and a salad.)

¿Y de postre?

_____
_____

(Say what you want.)

CÁPSULA CULTURAL

El sandwich cubano

Have you ever eaten a hero, a hoagie, or a sub(marine)? These are all, of course, different names for that wonderful sandwich made from a half-loaf of crisp Italian or French bread and filled with all sorts of cold cuts, cheeses, spreads, and other delicacies.

But did you know that Latin American countries have a similar food item called **un sandwich cubano**. This sandwich is made from a long, crusty bread called **pan de flauta** (*flute bread*) and is filled with **jamón** (*ham*), **mortadela** (a type of bologna), **pierna de puerco** (*fresh pork*), **queso** (*cheese*), and **pepinillos** (*pickles*). It is placed in the oven just before being served, so that the cheese melts. Mmmm! What are you waiting for?

Repaso IV
(Lecciones 13-16)

Lección 13

a. The verb **tener** is an irregular verb meaning *to have*. Memorize all of its forms:

yo tengo   nosotros } tenemos
tú tienes   nosotras }

Ud. }
él } tiene   Uds. }
ella)   ellos } tienen
    ellas)

b. Learn the meanings of these special expressions with **tener.** They may be used with any subject representing a person as long as **tener** is conjugated:

tener calor	*to be warm*
tener frío	*to be cold*
tener hambre	*to be hungry*
tener sed	*to be thirsty*
tener razón	*to be right*
no tener razón	*to be wrong*
tener sueño	*to be sleepy*
tener suerte	*to be lucky*
tener ＿＿ años	*to be ＿＿ old*

EXAMPLES: **Yo *tengo* calor.**   *I'm warm.*
          Nosotros *tenemos* sed.   *We're thirsty.*

If the subject is not a person or an animal, use the verb **estar:**

    La comida *está* fría.   *The food is cold.*

Lección 14

a. The verb **hacer** is an irregular verb meaning *to make, to do*. MEMORIZE all of its forms:

yo hago   nosotros } hacemos
tú haces   nosotras }
Ud. hace   Uds. hacen
él hace   ellos } hacen
ella hace   ellas }

b. Hacer is used in expressions of weather:

Hace (mucho) calor.	*It's (very) hot.*
Hace (mucho) frío.	*It's (very) cold.*
Hace fresco.	*It's cool.*
Hace (mucho) sol.	*It's (very) sunny.*
Hace (mucho) viento.	*It's (very) windy.*
Hace buen tiempo.	*It's beautiful.*
Hace mal tiempo.	*It's bad (weather).*

Note also: **Llueve.** *It's raining*
Nieva. *It's snowing*

c. Las estaciones

la primavera	**el otoño**
el verano	**el invierno**

Lección 15

The possessive adjectives are used to express that something belongs to someone:

mi, mis	*my*
tu, tus	*your* (familiar)
nuestro, nuestra, nuestros, nuestras	*our*
su, sus	$\begin{cases} your \text{ (formal)} \\ his, her \\ your \text{ (plural)} \\ their \end{cases}$

Lección 16

a. Expressing "to like" in Spanish:

me gusta(n)	*I like*
te gusta(n)	*you like* (familiar)
le gusta(n)	$\begin{cases} you\ like \text{ (formal)} \\ he\ likes \\ she\ likes \end{cases}$
nos gusta(n)	*we like*
les gusta(n)	$\begin{cases} you\ like \text{ (plural)} \\ they\ like \end{cases}$

> **Un poema**
>
> **Me gusta la leche,**
> **Me gusta el café,**
> **Pero más me gustan**
> **Los ojos de usted.**

b. For clarity or to express a subject, add **a** + pronoun, noun, or name:

A **Juan le gusta el invierno.**	*John likes winter.*
A **Ud. le gusta la playa.**	*You like the beach.*
A **los perros no les gustan los gatos.**	*Dogs don't like cats.*

__ ACTIVIDADES _____

A. **Buscapalabras.** In this puzzle, you will find sixteen parts of the body and five objects seen around the house. The words may be read from left to right, right to left, up or down, or diagonally:

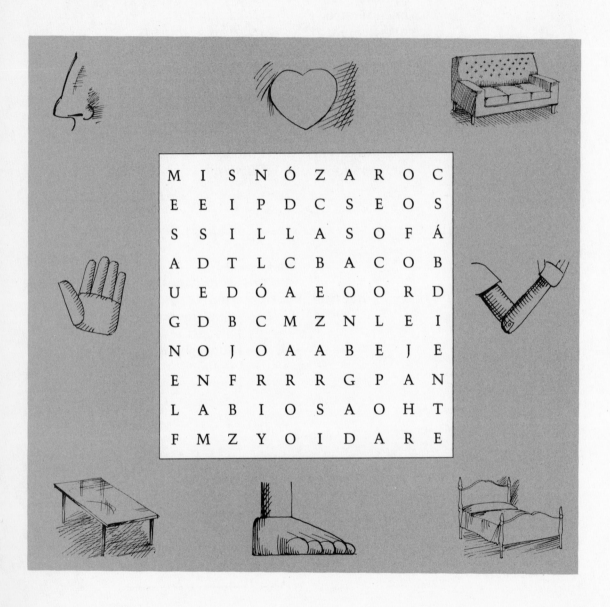

M	I	S	N	Ó	Z	A	R	O	C
E	E	I	P	D	C	S	E	O	S
S	S	I	L	L	A	S	O	F	Á
A	D	T	L	C	B	A	C	O	B
U	E	D	Ó	A	E	O	O	R	D
G	D	B	C	M	Z	N	L	E	I
N	O	J	O	A	A	B	E	J	E
E	N	F	R	R	R	G	P	A	N
L	A	B	I	O	S	A	O	H	T
F	M	Z	Y	O	I	D	A	R	E

B. After filling in all the letters, look at the vertical box to find today's weather report:

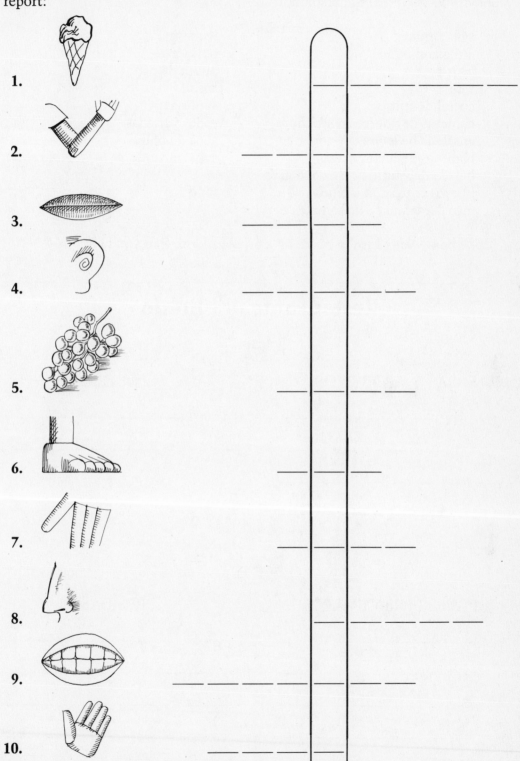

1.

2.

3.

4.

5.

6.

7.

8.

9.

10.

C. Pepe works in a restaurant called **El Bohío** (*The Hut*). Here's a list of all the foods and drinks served in the restaurant:

agua mineral
arroz con pollo
bistec
café
coctel de frutas
chuletas de puerco (*pork chops*)
ensalada de lechuga y tomate
hamburguesa con queso
helado de vainilla o de chocolate
huevos fritos con jamón
jugo de naranja o de tomate

leche fría
pollo frito
pudín de pan
rosbif
sardinas
sodas variadas
sopa de pollo
sopa de verduras (*vegetable soup*)
té
vino

Pepe's boss wants him to make up a proper menu. Can you help him?

Restaurante «El Bohío»

Menú

SOPAS Y APERITIVOS

_____
_____
_____
_____
_____

POSTRES

_____
_____

PLATOS PRINCIPALES

_____
_____
_____
_____
_____
_____

BEBIDAS

_____
_____
_____
_____
_____

D. You are preparing a meal. The guests will arrive soon. See what's on the table. You may have forgotten a few things. Here's a check list:

	Sí	No
1. la pimienta		
2. las sardinas		
3. los platos		
4. la sopa		
5. el café		
6. la ensalada		
7. la mostaza		
8. el queso		
9. los vasos		
10. el pollo		

	Sí	No
11. el jamón		
12. la sal		
13. el azúcar		
14. la mantequilla		
15. el pan		
16. el vino		
17. la mayonesa		
18. las frutas frescas		
19. el bistec		
20. las hamburgesas		

E. Crucigrama

HORIZONTALES

1. dining room
5. thin
7. to be
8. she sees
10. my
12. I wish
14. bed
15. eyes
17. contraction
18. salt
19. four
20. contraction
22. soup
24. I give
25. he drinks
28. eleven
29. to leave, go out
30. to be
33. year
34. days
36. tall
38. pear
39. I read

VERTICALES

1. food, meal
2. he is
3. fingers
4. ears
5. ugly
6. bathroom
8. you see
9. glass
11. living room
13. alone
16. his
19. heat
21. lips
23. she
26. verb ending
27. to be
29. soda
31. chicken
32. sun
35. contraction
37. definite article

F. Which holidays are suggested by the pictures? Which season do they fall in? What's the weather like then?

1. _____

_____

_____

3. _____

_____

_____

2. _____

_____

_____

4. _____

_____

_____

G. Each person has a problem. What is it?

1. Josefa _____ .

2. Ellos _____ .

3. Roberto _____ .

4. El perro _____ .

5. Nosotras _____ .

H. Picture Story. Can you read this story? Much of it is in picture form. When you come to a picture, read it as if it were a Spanish word:

Los [imagen] dicen que el [imagen] moderno necesita hacer más ejercicio. (La

[imagen] moderna también.) Muchas personas no usan las partes de su [imagen] .

Usan las [imagen] y los [imagen] sólo para [imagen] , no para trabajar. No usan

las [imagen] para ir de un lugar a otro. Toman un [imagen] , el [imagen] o el

[imagen] . Nos gusta [imagen] y [imagen] mucho a las [imagen] de la mañana

o a las [imagen] de la noche. Vivimos en [imagen] pequeños y calientes. Los

[imagen] y los [imagen] no corremos en el [imagen] y no trabajamos en la [imagen] .

Muchas personas pasan todo el día en un [imagen] mirando la [imagen] .

Quinta Parte

17 ¿Dónde está?

How to Tell Where Things Are: Common Prepositions

 Vocabulario

el café

la fábrica

la iglesia

la biblioteca

la oficina

la tienda de comestibles

la estación de trenes

la terminal de autobuses

la parada del autobús

el aeropuerto   el banco   el centro comercial

ACTIVIDADES

A. These people are all in different places. Where are they?

EXAMPLE: Mario _está en el aeropuerto._

1. Los señores Pérez _____ .   **3.** Uds. _____ .

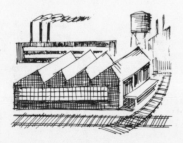   

2. El administrador _____ .   **4.** Tú _____ .

5. Nosotros _____.

8. Mis amigos _____.

6. Mi mamá _____.

9. Las secretarias _____.

7. Yo _____.

10. Las muchachas _____.

B. What do we do in these places?

    EXAMPLE: fábrica / trabajar   En la fábrica trabajamos.

1. restaurante / comer

_____

2. café / beber café

_____

3. oficina / escribir cartas

_____

4. estación de trenes / tomar el tren

_____

5. biblioteca / leer

_____

6. centro comercial / comprar cosas

_____

7. aeropuerto / ver aviones

_____

8. banco / tener dinero

_____

9. tienda de comestibles / comprar comida

_____

2 **¿Dónde está todo el mundo?** (_Where is everybody?_) Read the story and look at the picture. The expressions in bold type are prepositions. They tell you where the people and things are. Can you figure it out?

Aquí vemos la calle donde vive la familia Sánchez. Es una calle bonita de casas pequeñas, jardines, árboles y flores. **Al lado de** la casa de los Sánchez hay un árbol grande. **En** el árbol hay dos pájaros. **Alrededor del** árbol hay unas flores. Son rosas rojas. **Debajo del** árbol hay una bicicleta. Es la bicicleta de Lupita, la hija de los Sánchez. Lupita tiene doce años. Su mamá está **en** la casa. Mira **por** la ventana al policía que está en la calle, **delante de** la casa. El automóvil del señor Sánchez está estacionado **frente a** la casa, **entre** dos motocicletas. **Detrás de** la casa hay otra calle. Otro automóvil pasa **por** esa calle. La parada del autobús está **cerca de** la casa.

aquí *here*

el pájaro *bird*

estacionado *parked*

En el aire hay un avión. El avión está ahora **sobre** la casa de los Sánchez. El sol está en el cielo pero hay también nubes. El sol está **encima de** las nubes. Las nubes están **debajo del** sol.

el cielo *sky*
la nube *cloud*

El señor Sánchez trabaja en una fábrica que está **lejos de** la casa.

Lupita está **en** la puerta de la casa y **desde** allí busca a su gato. ¿Sabe Ud. dónde está el animal?

allí *there*

3 Did you guess the meanings of the prepositions?

PREPOSITIONS

al lado de *beside*	**en** *in, on, at*
alrededor de *around*	**encima de** *above*
cerca de *near*	**entre** *between, among*
debajo de *below; under*	**frente a** *opposite, facing*
delante de *in front of*	**lejos de** *far from*
desde *from*	**por** *through; by*
detrás de *behind*	**sobre** *above, on*

NOTE: If the preposition **de** comes directly before the article **el**, the two words combine to form the contraction **del**:

alrededor *del* árbol   *around the tree*
(*de* + *el* árbol) ***del*** **árbol**

__ ACTIVIDADES

C. Answer these questions based on the story you have just read:

1. ¿Dónde está el árbol?

   _____

2. ¿Qué hay en el árbol?

   _____

3. ¿Dónde está la bicicleta de Lupita?

   _____

4. ¿Qué hay alrededor del árbol?

   _____

5. ¿Dónde está el sol?

   _____

6. ¿Dónde está el policía?

   _____

7. ¿Dónde está el automóvil del señor Sánchez?

   _____

8. ¿Dónde está la fábrica?

   _____

9. ¿Qué hay cerca de la casa?

   _____

10. ¿Dónde está el avión ahora?

    _____

11. ¿Qué hay detrás de la casa de los Sánchez?

    _____

12. ¿Dónde está el gato de Lupita?

    _____

D. ¿Dónde estoy yo?

1. Yo estoy cerca (al lado) de la mesa.

5. Yo estoy _____
la mesa.

2. Yo estoy _____
la mesa.

6. Yo estoy _____
la mesa y la silla.

3. Yo estoy _____
la mesa.

7. Yo estoy _____
la mesa.

4. Yo estoy _____
la mesa.

8. Yo estoy _____
la mesa.

E. Using the prepositions you have learned, tell where the following things are located in your classroom:

EXAMPLE: la pizarra   La pizarra está delante de los alumnos.

1. El profesor / La profesora _____.

2. La puerta _____.

3. Mi escritorio _____.

4. Mi libro de español _____.

5. La ventana _____.

6. Los alumnos _____.

7. La tiza _____.

8. Un(a) amigo(-a) _____.

F. **¿Dónde está todo el mundo ahora?** Here we have the Sánchez house again, but things are a little different now. Can you tell where everything is? Fill in the correct preposition plus article or contraction to complete the sentences:

1. El árbol está _____ casa.

2. Hay un gato _____ árbol.

3. La bicicleta de Lupita está _____ casa.

4. Las flores están _____ ventana.

5. Lupita está _____ casa.

6. Hay un perro _____ parada del autobús.

7. Las nubes están _____ cielo.

8. La madre está _____ casa.

9. El avión está _____ aire _____ casa.

10. El automóvil está _____ árbol.

11. El policía está _____ parada del autobús.

12. Los pájaros están _____ casa.

_____ **PREGUNTAS PERSONALES** _____

1. ¿Dónde trabaja tu papá, lejos o cerca de la casa?

_____

2. ¿Qué hay frente a tu casa?

_____

3. ¿Qué hay sobre tu escritorio?

_____

4. ¿Qué hay en las paredes de tu cuarto?

_____

5. ¿Qué hay detrás de tu casa?

_____

THE COGNATE CONNECTION

Write the meanings of the following Spanish and English words. Then use each English word in a sentence:

SPANISH	ENGLISH COGNATE
1. vida *(life)*	vitality *(liveliness)*
2. periódico _____	periodical _____
3. todo _____	total _____
4. sol _____	solar _____
5. luna _____	lunar _____
6. vender _____	vendor _____
7. número _____	enumerate _____
8. comprender _____	incomprehensible _____
9. contra _____	contrary _____
10. árbol _____	arbor _____

ENGLISH COGNATES USED IN SENTENCES

1. The young children were filled with *vitality* and enthusiasm.

2. _____

3. _____

4. _____

5. _____

6. _____

7. _____

8. _____

9. _____

10. _____

List some other English cognates of the Spanish words in this lesson.

CONVERSACIÓN

Vocabulario

con frecuencia *frequently*   **hacerme** *to become*
tantas *so many*

DIÁLOGO

Complete this dialog by using expressions chosen from the following list:

No, mi casa está lejos de   En la avenida Colón, cerca
    allí.   del parque.
Hay muchos edificios.   Hay muchas flores alrededor.
Está en la estación.   ¿Por qué haces tantas preguntas?

INFORMACIÓN PERSONAL

Tell where the following things are with respect to your home or other landmarks:

1. La escuela _____.

2. La parada del autobús _____.

3. Un centro comercial _____.

4. Una biblioteca pública _____.

5. Una tienda de comestibles _____.

CÁPSULA CULTURAL

Signs, signs, signs!

When you travel to a foreign country, what is the first thing you notice as you step off the plane? The bewildering and dazzling array of signs. Signs give us a quick look at the language and culture of the country we are visiting.

Many signs use pictures to help deliver their messages. Pictures make it possible to understand the message without knowing all the words on a sign. But if you really want to learn about the everyday life and customs of the people, it's a good idea to understand what the sign is telling you.

Here are some common signs. Try to figure out what they mean.

18 *Más números*

Numbers to 100

veinte dólares

treinta días

cuarenta centavos

cincuenta kilómetros
por hora

sesenta minutos

setenta kilómetros

ochenta grados

noventa años

cien libras

Here are the numbers from 1 to 100, counting by tens. Repeat them aloud after your teacher:

10	diez	60	sesenta
20	veinte	70	setenta
30	treinta	80	ochenta
40	cuarenta	90	noventa
50	cincuenta	100	ciento (cien before a noun)

Do you remember how to count in Spanish from 1 to 30? You may want to review those numbers in Lesson 5.

How do you say twenty-three in Spanish? _____

twenty-nine? _____

2 Now look at these numbers:

34	treinta y cuatro	79	setenta y nueve
46	cuarenta y seis	81	ochenta y uno
58	cincuenta y ocho	93	noventa y tres
62	sesenta y dos		

As you can see, it's fairly simple to form numbers in Spanish. Memorize the numbers from 20 to 90 by tens, then add the word **y** (*and*) plus the number from 1 to 9.

___ ACTIVIDADES _____

A. Read the following numbers and write the correct numeral in the space provided:

EXAMPLE: diez y siete   __17__

1. veinte y cinco   _____   **6.** noventa y ocho   _____

2. ochenta y tres   _____   **7.** cuarenta y dos   _____

3. cincuenta y uno   _____   **8.** treinta y cuatro   _____

4. sesenta y seis   _____   **9.** quince   _____

5. setenta y nueve   _____   **10.** diez y ocho   _____

B. Match the Spanish numbers with the numerals. Write the matching numeral in the space provided:

1. setenta y seis	_____		**6.** treinta y tres	_____		13
						67
2. sesenta y siete	_____		**7.** trece	_____		76
						88
3. ciento	_____		**8.** ochenta y ocho	_____		91
						52
4. once	_____		**9.** cuarenta y cinco	_____		45
						33
5. cincuenta y dos	_____		**10.** noventa y uno	_____		100
						11

C. Arrange the following list of numbers so that they are in order, the smallest first, the largest last:

ochenta y ocho	**treinta y tres**
treinta y ocho	**cincuenta y cuatro**
noventa y nueve	**ochenta y nueve**
cuarenta y cuatro	**setenta y cinco**
sesenta y siete	**ciento**

1. _____   6. _____

2. _____   7. _____

3. _____   8. _____

4. _____   9. _____

5. _____   10. _____

D. As you have probably noticed, certain numbers look like others. They almost come in little families. Write the Spanish words for the numbers in each group:

1. 1 _____   **3.** 3 _____

11 _____   13 _____

30 _____

2. 2 _____   **4.** 4 _____

12 _____   14 _____

40 _____

5. 5 _____

  15 _____

  50 _____

6. 6 _____

  16 _____

  60 _____

7. 7 _____

  17 _____

  70 _____

8. 8 _____

  18 _____

  80 _____

9. 9 _____

  19 _____

  90 _____

E. Arithmetic in Spanish. Can you solve these problems?

1. Add:

veinte	cuarenta	ochenta
+ treinta	+ sesenta	+ diez

_____ _____ _____

2. Subtract:

quince	doce	catorce
− cinco	− once	− uno

_____ _____ _____

3. Multiply:

cinco	once	treinta
× cuatro	× ocho	× tres

_____ _____ _____

4. Divide:

ochenta	diez y seis	veinte y cinco
÷ cuatro	÷ dos	÷ cinco

_____ _____ _____

3   Here's a conversation that was heard at an auction. Auctions can be fun, but be careful!

PERSONAJES: el vendedor
     el señor Pedro Blas
     la señora Ángela de Blas
     primer comprador
     segundo comprador
     Matilde, la amiga de Ángela

el vendedor *seller*

el comprador *buyer*

VENDEDOR: —Y ahora, señoras y señores, una oportunidad excepcional: el famoso cuadro del célebre artista Juan Malí, «El perro que come queso en cama».

el cuadro *painting*
célebre *famous*

TODO EL MUNDO: —¡Aaaah!

PEDRO: —¡Es horrible!

ÁNGELA: —¡Es monstruoso!

VENDEDOR: —¿Cuánto ofrecen Uds. por esta obra extraordinaria? ¿Quién da cincuenta dólares?

la obra *work*

PRIMER COMPRADOR: —Cincuenta dólares.

SEGUNDO COMPRADOR: —Sesenta dólares.

PEDRO: —¡Están locos!

ÁNGELA: —Yo no pago ni cinco centavos por ese cuadro.

ni *not even*

PEDRO: —No es un cuadro. Es una basura.

la basura *garbage*

PRIMER COMPRADOR: —Setenta dólares.

SEGUNDO COMPRADOR: —Ochenta dólares.

PRIMER COMPRADOR: —Noventa dólares.

VENDEDOR: —Noventa a la una . . . Noventa a las dos . . . ¿Quién da más? ¿No ofrecen cien dólares?

a la una *once*
 a las dos *a second time*

(En ese momento entra Maltilde.)

MATILDE: —Ángela, Ángela . . . Hola.

(Ángela levanta la mano para saludar a su amiga.)

levantar *to raise*
 saludar *to greet*

VENDEDOR: —Cien dólares a la una. Cien dólares a las dos . . . ¡Vendido a la señora de la blusa blanca en cien dólares!

vendido *sold*

ACTIVIDADES

F. Answer the questions based on the story you have just read:

1. ¿Quién es el autor del cuadro?

   _____

2. ¿Cuál es el título (*title*) del cuadro?

   _____

3. ¿Cuál es la opinión de Ángela y de Pedro sobre el cuadro?

   _____

4. ¿Cuántas personas desean el cuadro?

   _____

5. ¿Cuánto dinero paga Ángela por el cuadro?

   _____

6. ¿Cómo se llama la amiga de Ángela?

   _____

7. ¿Por qué levanta Ángela la mano?

   _____

8. ¿Desea Ángela comprar el cuadro?

   _____

G. Why isn't José afraid? Connect the dots by following the numbers to create the picture that will give you the answer:

CONVERSACIÓN

DIÁLOGO

Complete this dialog by using expressions chosen from the following list:

Es uno de mis favoritos.   No es excepcional.
Es un cuadro extraordinario. Cien dólares.
Es una basura.   El amor y la inocencia.

_____ PREGUNTAS PERSONALES _____

1. ¿Cuántos alumnos hay en tu clase de español?

   _____

2. ¿Cuántos alumnos hay en tu clase de inglés?

   _____

3. ¿Cuántos discos tienes?

   _____

4. ¿Cuántos amigos tienes?

   _____

5. ¿Cuánto cuesta el periódico que leen en tu casa?

   _____

_____ INFORMACIÓN PERSONAL _____

Complete the following information about yourself in Spanish. Write out all the numbers:

1. Tengo _____ años.

2. En mi familia hay _____ personas.

3. Cada semana mis padres me dan _____ dólares.

4. El número de mi casa es el _____.

5. Mi número de teléfono es _____.

6. Mi nota (*grade*) en el último examen de español: _____.

7. En mi escuela hay _____ profesores.

8. El día de mi cumpleaños es el _____ de _____.

THE COGNATE CONNECTION

Write the meanings of the following Spanish and English words. Then use each English word in a sentence:

SPANISH	ENGLISH COGNATE
1. alto *(tall)*	altitude *(height)*
2. calor _____	calorie _____
3. patria _____	patriotic _____
4. sala _____	salon _____
5. tarde _____	tardy _____
6. tiempo _____	temporal _____
7. valer _____	value _____
8. luna _____	lunar _____
9. morir _____	mortal _____
10. creer _____	credible _____

ENGLISH COGNATES USED IN SENTENCES

1. The plane reached an *altitude* of 30,000 feet.

2. _____

3. _____

4. _____

5. _____

6. _____

7. _____

8. _____

9. _____

10. _____

List some other English cognates of the Spanish words in this lesson.

CÁPSULA CULTURAL

Different systems

If you stepped on a scale in Spain or in most countries of Latin America, you would probably get the shock of your life. Supposing you weigh 110 pounds, the scale would register only 50. You haven't lost weight. You are just using another system — the metric system — and you are being weighed in **kilos**. Each **kilo** is approximately 2.2 pounds.

If you entered a clothing store, you would have to tell the salesperson your size in **centímetros**. A size 9 shoe, for example, would be a 40, a pair of men's trousers with a 34-inch waist would be an 86. A doctor taking your temperature gets a reading in **centígrados**. A normal temperature in **centígrados** is 37°! That's equivalent to 98.6° Fahrenheit.

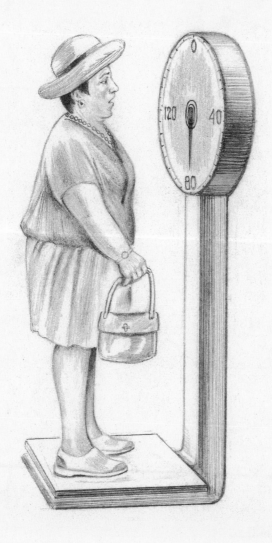

19 *Las diversiones*

How to Go Places in Spanish; the Verb **ir**

Can you guess the meanings of these expressions?

el cine

el teatro

el concierto

la discoteca

el estadio

la fiesta

el parque zoológico

el circo

la playa

la piscina

__ ACTIVIDAD _____

A. Where would you go to do the following things? Match the places with the activities and write the matching letters in the spaces provided:

1. escuchar música _____
2. ver animales salvajes _____
3. ver una comedia _____
4. ver un partido de fútbol _____
5. bailar _____
6. cantar «feliz cumpleaños» _____
7. ver acróbatas _____
8. tomar el sol _____

a. la discoteca
b. la fiesta
c. la playa
d. el circo
e. el cine
f. el estadio
g. el parque zoológico
h. el concierto

In the letter that follows are all the forms of the irregular Spanish verb **ir** (*to go*). See if you can find them:

Acapulco, 20 de junio

Queridos mamá y papá:

Hace dos semanas que estoy en este fabuloso hotel en Acapulco. Como hoy tengo tiempo, **voy** a contarles mis planes. Julia y yo **vamos** a la playa todos los días. Esta tarde ella **va** a visitar a unos amigos mexicanos que tienen una hija de nuestra edad — Carmen. Ella **va** a ser nuestra guía y nosotras **vamos** a visitar todos los lugares interesantes alrededor de Acapulco. ¿Ya saben si **van** a pasar sus vacaciones en España?

contarles *to tell you*

la edad *age*
el/la guía *guide*

pasar *to spend* (time)

¿**Van** Uds. a una playa también? Espero recibir carta pronto.

esperar *to hope*

Besos,
Margarita.

el beso *kiss*

P.D. Tengo un pequeño problema. Ya no tengo mucho dinero. ¿No pueden mandarme un poco más?

P.D. = *P.S.*
mandarme *send me*

___ ACTIVIDAD _____

B. Answer the following questions:

1. ¿Dónde está Margarita?

_____

2. ¿Adónde va ella todos los días?

_____

3. ¿Quién va a ser la guía de Margarita?

_____

4. ¿Qué van a visitar ellas?

_____

5. ¿Qué espera recibir Margarita de sus padres?

_____

3 The verb **ir** is important and also irregular. Repeat the forms of **ir** and memorize them:

yo voy	*I go*
tú vas	*you go* (familiar)
Ud. va	*you go* (formal)
él va	*he goes*
ella va	*she goes*
nosotros ⎱ **vamos** **nosotras** ⎰	*we go*
Uds. van	*you go* (plural)
ellos ⎱ **van** **ellas** ⎰	*they go*

__ ACTIVIDADES _____

C. Here are some places for you to go on weekends. Where would you go?

EXAMPLE: El fin de semana voy al cine.

1. _____

3. _____

2. _____

4. _____

5. _____   6. _____

D. Your Spanish pen pal is visiting you. Where would the two of you go?

EXAMPLE: Vamos al cine.

1. _____   3. _____

2. _____   4. _____

5. _____   6. _____

E. You are talking with some friend about places to go. Complete the sentences with the correct forms of **ir:**

1. Tú _____ al cine con tus hermanos.

2. Nosotros _____ a la fiesta de Carlos.

3. ¿ _____ tú a la fiesta también?

4. Mis padres _____ a Costa Rica en junio.

5. ¿ _____ Uds. al aeropuerto el sábado?

6. Carmen _____ al banco porque necesita dinero.

7. Ellos no _____ a la escuela hoy porque _____ al médico.

8. Jorge y Enrique _____ al partido de fútbol.

9. ¿ _____ Ud. también?

10. Jaime _____ a la playa todos los domingos.

11. Mis hermanitos _____ al circo con mi mamá.

12. La familia Rosas _____ a Puerto Rico este verano.

F. Answer the questions in complete sentences:

1. ¿Vas a la discoteca con tus amigos?

_____

2. ¿Adónde van tus padres en las vacaciones?

_____

3. ¿Van Uds. al cine con frecuencia?

_____

4. ¿En tu familia quién va al supermercado a comprar comida?

_____

5. ¿Vas a la playa en el verano?

_____

6. ¿Van Uds. al jardín zoológico?

_____

7. ¿Adónde van tus amigos el sábado?

_____

8. ¿Tienes hermanos que van a la universidad?

_____

 There are many ways to go places in Spanish. Here are some of them:

ir a pie	_to walk, to go on foot_
ir en bicicleta	_to go by bicycle_
ir en coche } **ir en automóvil** }	_to go by car, to drive_
ir en autobús	_to go by bus_
ir en metro	_to go by subway_
ir en tren	_to go by train_
ir en taxi	_to go by taxi_
ir en avión	_to go by plane_

___ ACTIVIDAD ___

G. Match the sentences with the correct pictures:

María va a la escuela a pie.
Mis abuelos van a Miami en tren.
Pepe y Marta van al cine en taxi.
Nosotros vamos a la fiesta en metro.
Mis padres van al banco a pie.

Yo voy al trabajo en autobús.
Mi hermano va a la tienda en bicicleta.
Los López van a Puerto Rico en avión.
El médico va al hospital en su coche.
Mis amigos van a la playa en automóvil.

1. _____

2. _____

3. _____

4. _____

5. _____

6. _____

7. _____

8. _____

9. _____

10. _____

As you have seen, **ir** is a very important verb. Here's another reason for its importance: It can be used with an infinitive to express what is going to happen in the future:

Ellos *van a comprar* un automóvil.   *They are going to buy a car.*

¿*Vas a comer* en un restaurante   *Are you going to eat in a restaurant*
esta noche?   *tonight?*

Voy a ir a México el verano   *I'm going to go to Mexico next*
próximo.   *summer.*

Vamos a hablar con el profesor   *We are going to talk to the teacher*
después de la clase.   *after class.*

NOTE: ¡**Vamos!** by itself means *Let's go!*

— ACTIVIDADES ————————————————

H. You and your friends are making plans for tomorrow. What are you going to do?
Complete the sentences with the correct forms of **ir a:**

1. Carlos y María _____ .

2. Yo _____ .

3. Uds. _____ .

4. Tú _____ .

5. Carmen _____ .

6. Nosotros _____ .

I. You are writing to a Spanish friend about your family's plans for next summer.
Express the following in Spanish:

1. My sister is going to work in an office.

_____

2. My parents are going to go to the beach.

_____

3. I am going to visit my grandparents.

_____

4. My uncle is going to study in Spain.

_____

5. We are going to buy a dog and a cat.

_____

6. What are you going to do?

_____

 Now you are ready to read this story about a family's plans to go to Puerto Rico for the holidays:

LUGAR: La agencia de viajes «Solimar» | **la agencia de viajes** _travel agency_
PERSONAJES: Francisco Cabral
        Marta Cabral, su esposa | **la esposa** _wife_
        Margarita, una hija de 12 años
        Susanita, una hija de 6 años
        el empleado de la agencia «Solimar» | **el empleado** _employee_

EMPLEADO:—¡Ah, qué bien! Aquí están el señor Cabral y su amable familia. ¿Cómo están Uds.?

TODOS:—Bien, gracias.

SR. CABRAL:—Como Ud. sabe, tengo dos semanas de vacaciones, y mi esposa desea ir a una isla tropical.   **la isla** _island_

SRA. CABRAL:—Sí, un lugar romántico, con palmeras, flores tropicales y brisas del mar.   **la palmera** _palm tree_   **la brisa** _breeze_   **el mar** _sea_

EMPLEADO:—Bueno, ¿por qué no van Uds. a Puerto Rico? Es una isla tropical. San Juan, la capital, es una ciudad grande y allí van a ver muchas cosas interesantes.

SR. CABRAL:—Es una buena idea. Puerto Rico tiene hoteles excelentes y muchos hoteles están en la playa.

EMPLEADO:—Sí. Y Puerto Rico no está lejos de los Estados Unidos. Si Uds. van en avión, llegan en dos horas y media.

MARGARITA:—Yo voy a comprar mucha ropa allí. También voy a comprar discos de música puertorriqueña.

SUSANITA:—Y yo voy a comer la comida típica: tacos y enchiladas.

MARGARITA:—¿Tacos y enchiladas, la comida típica de Puerto Rico? Tú no sabes mucho, chica. ¡Uf! ¡Qué ignorancia! Vamos a Puerto Rico, no a México.   **la chica** _girl, "kid"_

__ ACTIVIDAD _____

J. Complete the sentences based on the story:

1. «Solimar» es una _____.

2. Marta es la _____ de Francisco.

3. Susanita y Margarita son _____.

4. El señor Cabral tiene dos semanas de _____.

5. La señora de Cabral desea ir a _____.

6. La _____ es un árbol tropical.

7. La capital de Puerto Rico es _____.

8. Muchos hoteles de Puerto Rico están en _____.

9. Puerto Rico no está _____ los Estados Unidos.

10. La familia va en _____.

11. Margarita va a comprar discos de _____.

12. Los tacos y las enchiladas son comidas típicas de ____.

_____ *PREGUNTAS PERSONALES* _____

1. ¿Adónde vas a celebrar tu cumpleaños?

_____

2. ¿Adónde vas con tus amigos el sábado por la noche?

_____

3. ¿Cuándo vas al cine?

_____

4. ¿Adónde vas a ir el verano próximo?

_____

5. ¿Adónde vas cuando sales de la escuela?

_____

CONVERSACIÓN

Vocabulario

zona del Caribe *Caribbean area*   recomienda *recommend*
el Caribe *Caribbean Sea*

DIÁLOGO

You are the second person in the dialog. Complete it with expressions you have learned in this lesson:

INFORMACIÓN PERSONAL

¿**Adónde vas durante** (*during*) **la semana?** Write five sentences to tell about different places you go to:

EXAMPLE: El sábado voy al cine con mis amigos.

1. _____

2. _____

3. _____

4. _____

5. _____

_____ THE COGNATE CONNECTION _____

Write the meanings of the following Spanish and English words. Then use each English word in a sentence:

SPANISH	ENGLISH COGNATE
1. amigo *(friend)*	amicable *(friendly)*
2. ascensor _____	to ascend _____
3. deber _____	debtor _____
4. fuerte _____	fortification _____
5. vestir _____	vestment _____
6. pronto _____	prompt _____
7. puerta _____	portal _____
8. vecino _____	vicinity _____
9. ojo _____	oculist _____
10. viento _____	ventilation _____

ENGLISH COGNATES USED IN SENTENCES

1. The two countries did not always enjoy *amicable* relations.

2. _____

3. _____

4. _____

5. _____

6. _____

7. _____

8. _____

9. _____

10. _____

List some other English cognates of the Spanish words in this lesson.

CÁPSULA CULTURAL

Churros y chocolate

Do you ever get the urge to have something sweet and delicious? Then why not try some Spanish **churros**?

Churros are long and skinny strips of dough, which are fried in vats of very hot oil. The **churreros** have a special machine that squeezes out the dough (**la masa**) in the shape of a spiral. Some spirals are a yard long. The spirals of fried dough are removed from the oil, cut into pieces, and then sprinkled with powered sugar.

Churros may be eaten as a snack at any time. Most people in Spain and other Spanish-speaking countries prefer to have their **churros** in the morning with a cup of coffee or thick hot chocolate.

Of course, **churros** should always be dunked into the hot chocolate for a real treat. **¡Qué rico!**

20 *El picnic*

What to Say When You Want Something; the Verb **querer**

los cubiertos

| el cuchillo | el tenedor | la cuchara | la cucharita |

| la servilleta | la cesta | el termo |

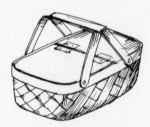

| la manta | los huevos duros | la ensalada de papas |

328

el atún

la naranjada

el sandwich de rosbif

la salchicha

las zanahorias

las cerezas

ACTIVIDADES

A. You are going to a picnic. What are you taking along?

1. _____

3. _____

2. _____

4. _____

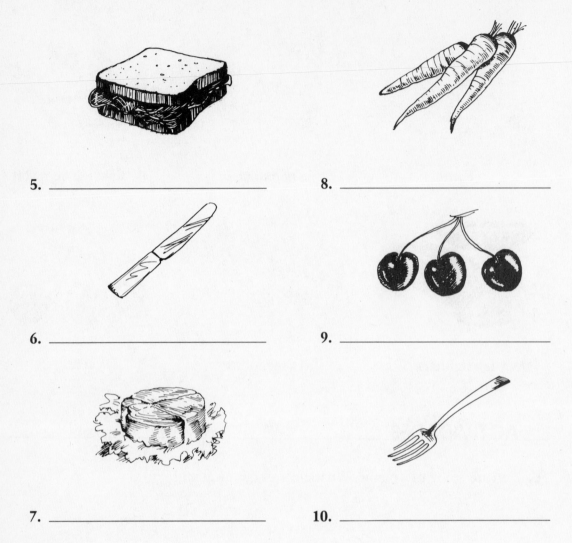

5. _____   8. _____

6. _____   9. _____

7. _____   10. _____

B. What kinds of foods do you like? Say whether you like or you don't like the following:

EXAMPLE: Me gustan las zanahorias.

No me gustan los tomates.

1. _____

2. _____

3. _____

4. _____

5. _____

6. _____

7. _____

8. _____

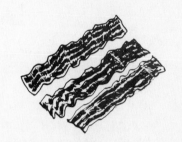

9. _____

10. _____

2 | You already know how to say that you like something. Now you will learn how to say that you want something. Read the following conversation. See if you can find all the forms of the verb **querer** (*to want*):

MAMÁ: —El domingo vamos a un picnic. ¿Qué **quieren** comer Uds. allí?

JUANITO: —Yo **quiero** llevar un termo grande de naranjada fría.

        llevar *to take*

MARÍA Y ROSA: —Nosotras **queremos** comer pollo frito.

MAMÁ: —Y tú, Jaime, ¿qué **quieres** comer?

JAIME: —Yo **quiero** ensalada de papas y perros calientes.

JUANITO: —Mamá, yo voy a llevar mi pelota. Mis amigos **quieren** organizar un partido de fútbol.

        la pelota *ball*
        el partido *game*

MARÍA: —Mamá, mi amiga Luisita también **quiere** ir al picnic con nosotros.

MAMÁ: —Bien. Ahora sólo tengo que preguntar a la persona más importante si quiere ir.

MARÍA: ¿Quién es la persona más importante?

MAMÁ: —Tu papá, ¡porque él tiene el automóvil!

__ ACTIVIDAD _____

C. Answer the following questions:

1. ¿Adónde va la familia el domingo?

_____

2. ¿Qué quiere llevar Juanito?

_____

3. ¿Qué quieren comer María y Rosa?

_____

4. ¿Qué quiere comer Jaime?

_____

5. ¿Qué quiere hacer la amiga de María?

_____

6. ¿Por qué es el papá la persona más importante?

_____

3 | As you can see, **querer** is somewhat irregular. The endings are regular but an **i** is inserted in all forms except for **nosotros**. Here are the forms of **querer**. Repeat them after your teacher:

yo quiero	*I want*
tú quieres	*you want* (familiar)
Ud. quiere	*you want* (formal)
él quiere	*he wants*
ella quiere	*she wants*
nosotros } nosotras } queremos	*we want*
Uds. quieren	*you want* (plural)
ellos } ellas } quieren	*they want*

___ ACTIVIDADES _____

D. What do these people want? Complete the sentences with the correct forms of **querer:**

1. Tú / un helado

   _____

2. Él / una manzana

   _____

3. Ud. / un huevo duro

   _____

4. Margarita / una naranjada

   _____

5. Nosotros / perros calientes

   _____

6. Yo / un sandwich de atún

   _____

7. Carlos y Rosa / hacer un picnic

   _____

8. Uds. / pollo frito

   _____

9. Mis abuelos / una casa bonita

_____

10. Roberto / un gato blanco

_____

E. You are in a coffee shop. The waitress is asking you what you want. Answer the questions:

1. ¿Quiere Ud. un sandwich de atún o de pollo?

_____

2. ¿Quiere Ud. el sandwich con mostaza o con mayonesa?

_____

3. ¿Quiere Ud. ensalada de papas o papas fritas?

_____

4. ¿Quiere Ud. un vaso de leche o una naranjada?

_____

5. ¿Quiere Ud. helado de vainilla o de chocolate?

_____

F. You and your friends are discussing what you want to do this weekend. Complete the sentences with the correct forms of **querer:**

1. Nosotros / jugar al tenis

_____

2. Mario / ir al cine

_____

3. Tú / salir de compras

_____

4. Uds. / mirar la televisión

_____

5. María / visitar un museo

_____

6. Yo / hacer un picnic

_____

7. Ana y Luisa / ir a una discoteca

_____

8. Jorge y Jaime / trabajar

_____

G. En el supermercado. You work in this supermarket. Can you answer the questions from one of the shoppers?

1. ¿Qué frutas hay?

_____

2. ¿En qué sección está el pollo?

_____

3. ¿Qué legumbres hay?

_____

4. ¿Dónde están los huevos?

_____

5. ¿Qué venden en la sección de la carne?

_____

6. ¿Dónde está el pan?

_____

7. ¿Dónde están las cajas (*cartons*) de leche?

_____

8. ¿Dónde están los helados?

_____

9. ¿En qué sección están los tomates?

_____

Now enjoy this story:

¿Qué es un supermercado? Mucha gente dice que un supermercado es solamente un mercado grande. Es cierto, pero es también mucho más. Un supermercado es como un grupo de tiendas, una al lado de la otra, que no están separadas por paredes. Cada sección del supermercado es como una tienda. Por ejemplo, la sección de frutas y legumbres es como una frutería. La sección de carne es como una carnicería. La sección de pan es como una panadería. Y la sección de productos lácteos, donde venden leche, crema, quesos y mantequilla es como una lechería. Finalmente, como en una tienda de comestibles, hay secciones donde están las conservas, las confituras, el arroz, el azúcar, la sal y los productos de papel. En los supermercados grandes también venden libros, tarjetas, discos y ropa. ¿En el futuro va a haber médicos, abogados y barberos en el supermercado? ¿Quién sabe?

como *like*

la frutería *fruit shop*
la carnicería *butcher shop*
la panadería *bakery*
el producto lácteo
    dairy product
la lechería *dairy*
finalmente *finally*
    los comestibles *foods*
las conservas *canned foods*
    las confituras *preserves*
la tarjeta *card*
    haber *to have, to be*

_ ACTIVIDADES _____

H. Complete the sentences:

1. El supermercado es como un _____ de _____ .

2. En un supermercado hay muchas _____ .

3. En la frutería venden _____ y _____ .

4. En la carnicería venden _____.

5. Venden pan en la _____.

6. El queso y la mantequilla son productos _____.

7. Venden azúcar en una tienda de _____.

8. En los supermercados grandes venden _____,

_____, _____ y _____.

9. El hombre que corta (*cuts*) el pelo es un _____.

10. Un _____ trata (*treats*) a los enfermos.

I. The manager of this supermarket forgot to label some items. Can you do it?

bananas	huevos	limones	peras
carne	jamón	maíz	pollo
cerezas	leche	manzanas	queso
helados	lechuga	papas	tomates
zanahorias	mantequilla	salchichas	servilletas

CONVERSACIÓN

Vocabulario

algo *something, anything*
¿En qué puedo servirle?
    What can I do for you?
eso *that*

el litro *liter*
el pedazo *piece*
todo *all, everything*

_____ *PREGUNTAS PERSONALES* _____

1. ¿Qué quieres hacer el domingo?

_____

2. ¿Qué quieren hacer tus padres el domingo?

_____

3. ¿Dónde compran Uds. la comida?

_____

4. ¿Qué quieres comer hoy por la noche?

_____

5. ¿Qué programa de televisión quieres ver hoy?

_____

_____ *INFORMACIÓN PERSONAL* _____

You mother gives you fifty dollars and sends you to the supermarket for a supply of groceries that will feed the family for a week. Make a list in Spanish of ten things that you would buy.

1. _____

2. _____

3. _____

4. _____

5. _____

6. _____

7. _____

8. _____

9. _____

10. _____

DIÁLOGO

Complete this dialog using expressions chosen from the following list:

Las frutas cuestan mucho.
Sí, necesito pan y dos litros de leche.
No quiero el queso.
Sí, ¿cuánto es?
¿Tiene Ud. carne fresca?
Quiero un pollo.

CÁPSULA CULTURAL

Going shopping

Most Americans shop in supermarkets. **Supermercados** exist as well in Spain and Latin America, but smaller stores specializing in particular products are still an important part of the marketing scene. Milk, cheese, butter, and other dairy products are sold at the **lechería**. Bread can be bought at a **panadería**, fruit at a **frutería**, candy at a **dulcería**, and cakes at a **repostería**.

For groceries in general, you would go to a grocery store. There are many different names for this type of store, depending on the country. In some places, it is called **una tienda de comestibles**, in others **una tienda de abarrotes**, or **una abarrotería**. In still others, it's **una pulpería** or **una tienda de ultramarinos**. In Puerto Rico, it's called **una bodega**. But a **bodega** in Spain is a store that sells only wine from barrels.

So, when in doubt, go to a **supermercado!**

Repaso V (Lecciones 17-20)

Lección 17

Common Spanish prepositions:

al lado de *beside*
alrededor de *around*
cerca de *near*
debajo de *below; under*
delante de *in front of*
desde *from*
detrás de *behind*

en *in, on, at*
encima de *above*
entre *between; among*
frente a *opposite, facing*
lejos de *far from*
por *through; by*
sobre *above, on*

Lección 18

40	**cuarenta**	50	**cincuenta**	
41	**cuarenta y uno**	60	**sesenta**	
42	**cuarenta y dos**	70	**setenta**	
43	**cuarenta y tres**	80	**ochenta**	
44	**cuarenta y cuatro**	90	**noventa**	
45	**cuarenta y cinco**	100	{ **ciento**	
46	**cuarenta y seis**		**cien** (before a noun)	
47	**cuarenta y siete**			
48	**cuarenta y ocho**			
49	**cuarenta y nueve**			

Lección 19

The verb **ir** (*to go*) has irregular forms. MEMORIZE them:

yo voy   nosotros } vamos
tú vas   nosotras }

Ud. }
él } va   ellos } van
ella }   ellas }
    Uds. }

Lección 20

The verb **querer** (*to want*) has irregular forms. MEMORIZE them:

yo quiero   nosotros } queremos
tú quieres   nosotras }

Ud. }
él } quiere   ellos } quieren
ella }   ellas }
    Uds. }

ACTIVIDADES

A. Buscapalabras. In this puzzle you will find 20 items that can be bought in a supermarket. Circle the words from left to right, right to left, up or down, or diagonally. Then write the words in the spaces provided:

```
C  C  A  F  É  H  A  P  B  J
H  O  E  R  C  U  Z  A  S  U
O  P  N  U  J  E  A  N  A  G
C  A  R  T  A  V  T  L  V  O
O  P  A  A  M  O  S  E  U  Q
L  A  C  S  Ó  S  O  C  F  P
A  S  A  A  N  I  M  H  L  O
T  L  T  O  M  A  T  E  S  L
E  N  É  O  Z  O  R  R  A  L
N  Ú  T  A  H  E  L  A  D  O
```

1. _____   6. _____

2. _____   7. _____

3. _____   8. _____

4. _____   9. _____

5. _____   10. _____

11. _____   16. _____

12. _____   17. _____

13. _____   18. _____

14. _____   19. _____

15. _____   20. _____

B. Crucigrama del supermercado. How many of the words describing the pictures do you remember? Fill in the Spanish words following the picture clues:

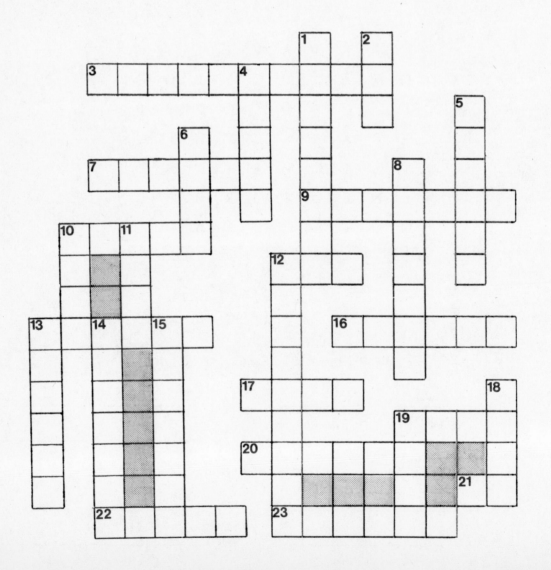

HORIZONTALES	VERTICALES
1.	2. 
7.	3.
9.	4.
10.	5.
12.	6.
13.	8.
16. 	10. 
17.	11. 
19.	12. 
20.	13.
21. 	14. 
22. 	15.
23. 	18. 
	19.

C. Every morning, Pedro leaves his house and walks to school, taking the shortest route. On his way, he passes many places. Figure out the shortest way to school and list the places he passes:

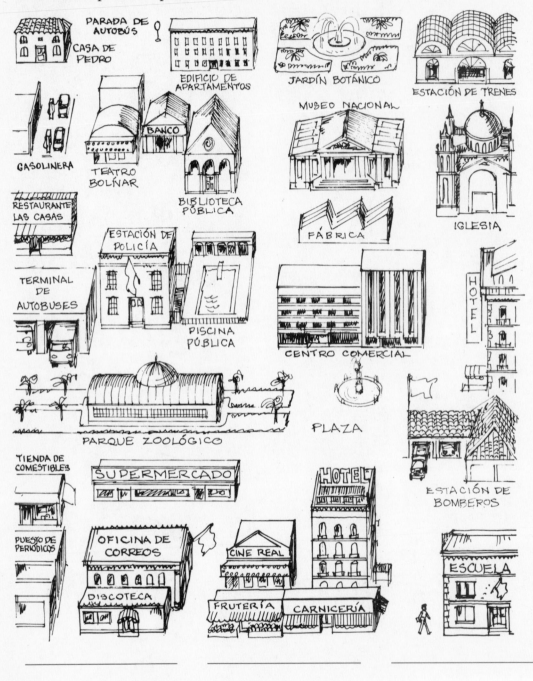

_____   _____   _____

_____   _____   _____

_____   _____   _____

_____   _____   _____

_____   _____   _____

D. **Números mágicos.** Here's a bit of "magic arithmetic" in Spanish:

1. Choose one of these numbers: **uno, dos, tres, cuatro, cinco, seis, ocho, nueve, diez.**

   Write it here: _____

   y nueve: _____

   multiplicado por dos: _____

   menos cuatro: _____

   dividido por dos: _____

   menos tu número original: _____

   Solución: ¡SIETE!

2. Choose a number as in 1, above.

   Write it here: _____

   multiplicado por dos: _____

   y cuatro: _____

   dividido por dos: _____

   y siete: _____

   multiplicado por ocho: _____

   menos doce: _____

   dividido por cuatro: _____

   menos quince: _____

   dividido por dos: _____

   Solución: ¡EL NÚMERO ORIGINAL!

E. **¿Doḿde está la parada de autobús?** Identify the places. Then write the numbered letters in the boxes below to reveal where the bus stop is:

1. 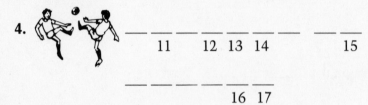 — — — — —
              1   2

2. — — — — — —
       3   4   5   6

3. — — — — — — — —
       7   8   9   10

4. — — — — — — — — —
        11   12 13 14   15

    — — — — —
       16 17

Solución:

☐	☐	☐	☐	☐	☐	☐	☐	☐	☐
7	15	12	5	4	9	14	10	17	11

☐	☐	☐	☐	☐	☐	☐
16	3	8	2	13	1	6

F. Jumbles. Unscramble the words. Then unscramble the letters in the circles to find the messages:

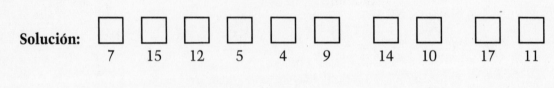

R A Z A C Ú

M I N Ó L

A L D E H O

S A D O T A T

Rosario quiere comer _____ frescas.

S U M O E   ☐ ◯ ☐ ◯ ☐

Q A P U R E   ◯ ☐ ◯ ☐ ☐ ☐

T I D E S A O   ☐ ☐ ◯ ☐ ☐ ☐ ◯

R I C O C   ☐ ☐ ◯ ☐ ◯

S E I F A T   ☐ ☐ ◯ ☐ ☐ ◯

Mañana voy al ———————————— .

G. Picture Story. Much of this story is in picture form. Whenever you come to a picture, read it as if it were a Spanish word:

Cerca de la 🏠 de la 👨‍👩‍👧 Sánchez hay un 🏪 moderno. Todos los [LUNES MARTES MIÉRCOLES JUEVES VIERNES SÁBADO DOMINGO] Juanita va con su 👩 a 🍽 la 🛒 que come la 👨‍👩‍👧‍👦. Las dos van al 🏪 para comprar todo en un solo lugar. Primero van a comprar 🧑‍🍳 ; necesitan 🥩 , 🍤 , 🍗 y 🍗 . Después, compran 🍌 y 🐔 para preparar una 🥗 . En la sección donde venden 🥛 , compran 🥛 🍦 , 🧀 , 🍦 , 🧈 y 🥚 . También compran mucho 🍞 . Y si todavía tienen 💵 , van a la sección de 🧮 🍬 para comprar 🍫 .

Sexta
Parte

21 *La ropa*

 Vocabulario

Yo llevo una camisa roja.

Me gusta tu camiseta.

Pepe lleva una chaqueta grande.

El profesor lleva un traje.

Gloria lleva un vestido.

María compra una falda y una blusa.

Yo llevo un abrigo.

Mi abuela lleva un suéter.

353

Mi papá lleva una corbata bonita.

Tengo el sombrero en la mano.

Elena compra un traje de baño.

Necesito un cinturón.

Tú llevas pantalones cortos y yo llevo pantalones largos.

Yo tengo calcetines blancos. Ella tiene medias negras.

¿Quiere Ud. los zapatos negros?

Ellos llevan guantes.

ACTIVIDADES

A. Rosita went shopping for clothes. What did she buy? Label the pictures:

el traje de baño   el vestido   el traje
la blusa   la falda   el sombrero
el cinturón   los zapatos   los guantes
el suéter   las medias   el abrigo

1. _____

5. _____

9. _____

2. _____

6. _____

10. _____

3. _____

7. _____

11. _____

4. _____

8. _____

12. _____

B. Luis also went shopping for clothes. What did he buy? Label the pictures:

el traje   la corbata   los guantes
el traje de baño   los pantalones   la camisa
la chaqueta   el abrigo   la camiseta
el cinturón   los calcetines   el suéter

1. _____

2. _____

3. _____

4. _____

5. _____

6. _____

7. _____

8. _____

9. _____

10. _____

11. _____

12. _____

C. You and your mother are making a list of new clothes you want to buy. Here is the list. Write the names of the items in Spanish:

1. socks _____

2. shirt _____

3. blouse _____

4. pants _____

5. jacket _____

6. tie _____

7. coat _____

8. T-shirt _____

9. dress _____

10. hat _____

11. suit _____

12. skirt _____

13. belt _____

14. gloves _____

15. shoes _____

16. sweater _____

17. stockings _____

2 Now read this story about Rosita's problems with her party clothes:

ROSITA.—Mira, mamá. Una invitación para la fiesta de cumpleaños de Teresita. Ahora necesito comprar ropa nueva.

MAMÁ.—Pero, niña, tú tienes ropa muy bonita. No necesitas comprar nada.

nada *nothing*

ROSITA.—No tienes razón, mamá. Mi ropa es vieja y esta fiesta es muy importante. Todos los muchachos van a estar allí.

esta *this*

MAMÁ.—Muy bien. Mañana salimos de compras. Vamos al nuevo centro comercial.

(El día siguiente en una tienda de ropa.)

siguiente *next*

VENDEDORA.—Buenas tardes. ¿En qué puedo servirles?

MAMÁ.—Mi hija va a una fiesta el sábado y queremos comprar ropa nueva para ella.

ROSITA.—Sí, quiero ropa moderna, de última moda.

de última moda *in the latest style*

VENDEDORA.—Bueno. ¿Le gusta esta minifalda que hace juego con esta blusa roja?

hacer juego con *to match*

ROSITA.—Sí, ¡perfecto! Me gustan también este par de guantes, este par de zapatos y este sombrero.

el par *pair*

MAMÁ.—Ay, Rosita, vas a ser la chica más moderna de toda la fiesta.

(Más tarde en casa, Rosita habla por teléfono con Teresita.)

más tarde *later*

TERESITA.—Sí, Rosa, va a ser una fiesta fantástica. Todos vamos a llevar nuestra ropa vieja, como en tiempos pasados.

los tiempos pasados *the old days*

ROSITA: ¡Oh, no!

___ ACTIVIDADES _____

D. Answer the following questions:

1. ¿Qué recibe Rosita?

   _____

2. ¿Qué quiere comprar Rosita?

   _____

3. ¿Por qué es importante la fiesta?

   _____

4. ¿Dónde compra Rosita su ropa?

   _____

5. ¿Cuándo es la fiesta?

_____

6. ¿Qué clase (*kind*) de ropa quiere Rosita?

_____

7. ¿De qué color es la blusa que compra Rosita?

_____

8. ¿Con quién habla Rosita por teléfono?

_____

9. ¿Qué clase de ropa van a llevar en la fiesta?

_____

10. ¿Está contenta ahora Rosita?

_____

_____

E. You are going shopping with your mother. Tell her what you want:

EXAMPLE: camiseta / amarillo   Quiero la camiseta amarilla.

1. zapatos / blanco

_____

2. sombrero / azul

_____

3. traje de baño / negro

_____

4. camisa / rojo y blanco

_____

5. suéter / verde

_____

6. cinturón / pardo

_____

7. guantes / amarillo

_____

F. What a mess! Pancho has left his clothes scattered all over his room. Can you help him find them? Complete the sentences below:

1. Uno de los zapatos de Pancho está **debajo de la cama.**

2. El otro zapato está _____.

3. El cinturón está _____.

4. El suéter está _____.

5. La chaqueta está _____.

6. El sombrero está _____.

7. Los pantalones están _____.

8. La corbata está _____.

9. Los guantes están _____.

10. La camisa está _____.

CONVERSACIÓN

Vocabulario

es tarde *it's late*
amorcito, mi amor, mi vida
my darling, my love

¡Vámonos! *Let's go!*

DIÁLOGO

Complete the dialog, using expressions from the following list:

Sí, necesito la ropa antes del sábado.
Sí, mis zapatos son viejos
No, gracias, mamá.
Vamos a llevar ropa moderna.
Quiero una falda roja y una blusa blanca.
Toda mi ropa es nueva.

_____ PREGUNTAS PERSONALES _____

1. ¿Cuántas camisetas tienes?

_____

2. ¿Cuántos pares de zapatos tienes?

_____

3. ¿Quién compra tu ropa?

_____

4. ¿Cuál es tu color de camisa favorito?

_____

5. ¿Qué ropa llevas hoy?

_____

_____ INFORMACIÓN PERSONAL _____

Your relatives have given you $150 as a birthday present. You need the money to buy new clothes. Make a list in Spanish of eight articles of clothing that you would buy, indicating their color:

1. _____

2. _____

3. _____

4. _____

5. _____

6. _____

7. _____

8. _____

THE COGNATE CONNECTION

Write the meanings of the following Spanish and English words. Then use each English word in a sentence:

SPANISH	ENGLISH COGNATE
1. soñar *(to dream)*	insomnia *(sleeplessness)*
2. precio _____	precious _____
3. verde _____	verdant _____
4. menor _____	minority _____
5. avión _____	aviation _____
6. correr _____	current _____
7. voz _____	vocal _____
8. diez _____	decimal _____
9. bueno _____	bonus _____
10. conocer _____	recognize _____

ENGLISH COGNATES USED IN SENTENCES

1. The patient was suffering from *insomnia.*

2. _____

3. _____

4. _____

5. _____

6. _____

7. _____

8. _____

9. _____

10. _____

List some other English cognates of the Spanish words in this lesson.

Los batidos de fruta

In Mexico and in many countries of the Caribbean, ice-cold shakes made from tropical fruits are extremely popular. Night and day, there are stands on the streets of every city and town preparing and dispensing **batidos** (in some countries they are called **batidas** or **licuados**).

Would you like to know how they are made? It's really very simple. You can make one for yourself right at home. The main ingredients of every **batido** are fruit (bananas, pineapple, or other fruits), milk, sugar, crushed ice, and — if you really want a thick, rich shake — a raw egg. Mix all the ingredients in a blender for two to three minutes, pour into a tall glass, and enjoy!

22 *Los animales*

The Verb **decir**

el perro

el gato

el gatito

el perrito

el caballo

el cochino

la vaca

el toro

el burro

el león

el elefante

el tigre

366

el lobo   el conejo   el zorro

el mono   el ratón   el pez

el pájaro   el pato   la gallina

ACTIVIDADES

A. You went to visit the zoo. Here are some of the animals you saw. Label the pictures:

1. _____   2. _____

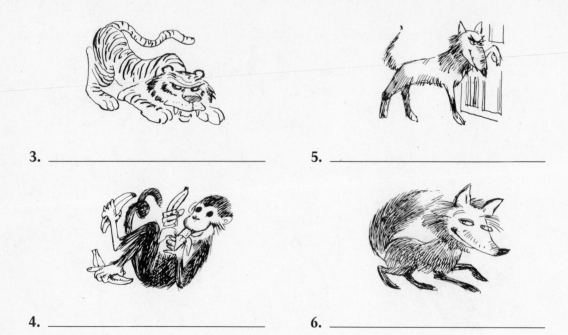

3. _____

5. _____

4. _____

6. _____

B. **La finca de Paco Pérez.** Can you label all the animals on Paco's farm?

C. There are ten animals hidden in this picture. Find them and list them below:

_____   _____

_____   _____

_____   _____

_____   _____

_____   _____

Now read this story about animals:

Los seres humanos no estamos solos en este mundo. Vivimos con muchas clases de animales. Los animales más comunes son los animales domésticos como el perro y el gato. Son animales útiles. El gato vive en la casa con nosotros y caza ratones. El perro es nuestro mejor amigo y compañero.

el ser *being*

útil *useful*
cazar *to chase*
el compañero *companion*

Si vivimos en la ciudad, no tenemos la oportunidad de ver otros animales útiles. La vaca, por ejemplo, da leche y de la leche hacemos el queso, la crema y otros productos. La gallina pone huevos, y su carne, que se llama pollo, es comestible. La carne de vaca se llama (¡naturalmente!) carne de vaca. Si queremos comer carne de cochino, por lo general nos referimos a ella con el nombre de puerco o cerdo.

poner *to lay*
es comestible *may be eaten*
  la carne de vaca *beef*

Hay otros animales que viven en libertad en su medio o que están en parques zoológicos. Estos animales son animales salvajes, como el tigre, el león, el lobo y el zorro. El tigre y el león son de la familia del gato. El lobo y el zorro son de la familia del perro. ¿Tiene Ud. un lobo en casa? ¿No? ¿Un tigre, quizás? ¡Cuidado!

el medio *environment*

salvaje *wild*

quizás *maybe*

ACTIVIDADES

D. Complete the sentences:

1. En este mundo hay muchas _____ de animales.

2. _____ y _____ son dos animales domésticos.

3. El gato caza _____.

4. El perro es el _____ del hombre.

5. La vaca da _____.

6. Los huevos son productos de _____.

7. La carne de la gallina se llama _____.

8. La carne de un cochino se llama _____ o _____.

9. El león es un animal _____.

10. El lobo, el zorro y el _____ son de la misma familia.

E. **¿Quién soy?** Now that you know the Spanish name of some important animals, see if you can figure out who they are by their descriptions:

1. Yo soy un animal del campo. Como hierba. Soy grande y corro muy rápido. Transporto a las personas.

   el campo *field*
   la hierba *grass*
   las personas *people*

   Soy _____.

2. Soy muy pequeño. Como carne. Mi papá es el mejor amigo del hombre. No me gustan los gatos.

   Soy _____.

3. Soy grande y estúpida. Vivo en el campo. Como hierba todo el día. Doy leche.

   Soy _____.

4. Soy un animal salvaje. Soy como un perro. Como carne. Cuando la gente me ve, todo el mundo corre para escapar.

   Soy _____.

5. Soy el animal más grande de África. No soy feroz. Como hierba. Tengo una nariz muy grande que uso como mano.

   feroz *savage, cruel*

   Soy _____.

6. Vivo en las casas de las personas. También vivo en la calle. No me gustan los perros. Cazo ratones.

   Soy _____.

7. Soy un animal de poca inteligencia. Vivo en el agua. Mi carne es muy buen alimento.

   el alimento *food, nourishment*

   Soy _____.

8. Vivo en el campo. Soy un ave. Pongo huevos. Como maíz.

   el ave *bird*

   Soy _____.

9. Yo soy un animal muy gordo. Todo el mundo dice
   que soy sucio. De mi carne hacen tocino y jamón.   **sucio** *dirty*

   Soy _____ .

10.
   Soy un animal inteligente. Vivo en los árboles. Es-
   toy también en el parque zoológico y en el circo.

   Soy _____ .

F. Below each animal, write the names of the foods that come from it. Choose from
the following list:

el bistec	el jamón	la costilla (*chop*)
la hamburguesa	la mantequilla	de puerco
el helado	el pollo	el queso
los huevos		el tocino

la gallina	**el cochino**	**la vaca**
_____	_____	_____
_____	_____	_____
_____	_____	_____
_____	_____	_____
_____	_____	_____

G. Put the animals in groups:

Animales domésticos	**Animales del campo**	**Animales salvajes**
_____	_____	_____
_____	_____	_____
_____	_____	_____
_____	_____	_____
_____	_____	_____
	_____	
	_____	
	_____	
	_____	

3 Here's our final irregular verb—**decir** *(to say or to tell):*

yo digo	*I say, I tell*
tu dices	*you say, you tell* (familiar)
Ud. dice	*you say, you tell* (formal)
él dice	*he says, he tells*
ella dice	*she says, she tells*
nosotros / nosotras } decimos	*we say, we tell*
Uds. dicen	*you say, you tell* (plural)
ellos / ellas } dicen	*they say, they tell*

As you can see, the forms of **decir** do not follow the rule for irregular **-ir** verbs that you learned in Lesson 10. The endings are regular, but the **e** in **decir** changes to **i** in all forms except the **nosotros** form (**decimos**).

___ ACTIVIDADES _____

H. Here are some things people are saying. Complete the sentences with the correct form of **decir:**

1. La radio _____ que va a llover hoy.

2. María _____ que tenemos mucho tiempo.

3. Pablo y sus amigos _____ que el examen es muy difícil.

4. Yo _____ que hoy es lunes.

5. Ud. siempre _____ la verdad, pero Jorge _____ mentiras *(lies)*.

6. Nosotros _____ que no tenemos tareas para mañana.

7. Mis padres _____ que yo soy inteligente.

8. Tú _____ que vas a Puerto Rico este verano.

I. Answer the following questions:

1. ¿Cuándo dices «Buenos días»?

_____

2. ¿Cuándo dices «Buenas tardes»?

_____

3. ¿Cuándo dices «Buenas noches»?

_____

CONVERSACIÓN

Vocabulario

conmigo *with me*   **no importa** *it doesn't matter*
muchas cosas que hacer
many things to do

THE COGNATE CONNECTION

Write the meanings of the following Spanish and English words. Use each English word in a sentence:

SPANISH	ENGLISH COGNATE
1. el año *(year)*	*annual (yearly)*
2. beber _____	to imbibe _____
3. el cine _____	cinema _____
4. el diente _____	dentifrice _____
5. el edificio _____	edifice _____
6. la fábrica _____	fabricate _____
7. la habitación _____	inhabitant _____
8. la lengua _____	linguist _____
9. la mano _____	manually _____
10. nuevo _____	novelty _____

ENGLISH COGNATES USED IN SENTENCES

1. It is wise to have an *annual* physical check-up.

2. _____

3. _____

4. _____

5. _____

6. _____

7. _____

8. _____

9. _____

10. _____

List some other English cognates of the Spanish words in this lesson.

DIÁLOGO

Complete the dialog using expressions chosen from the following list:

No. Vivimos en un apartamento pequeño.
Claro. Todos van a mi escuela.
Vamos al cine todos los sábados.
Hay mucho que hacer.
Tenemos una vaca y un caballo.
Vamos a la playa todos los días.

PREGUNTAS PERSONALES

1. ¿Qué animales te gustan?

_____

2. ¿Qué animales son simpáticos?

_____

3. ¿Qué dices al profesor (a la profesora) si no haces las tareas?

_____

4. ¿Qué dicen tus padres si ves muchos programas de televisión?

_____

5. ¿Te gustan los gatos? ¿Por qué (sí o no)?

_____

INFORMACIÓN PERSONAL

1. List five animals you have seen in the zoo.

_____

2. List two animals that can be pets.

_____

3. List five animals that can be found on a farm.

_____

CÁPSULA CULTURAL

Changing the meanings of words

Some Spanish nouns may add endings that change the original meaning to indicate "small," "big," or "affection."

One such common ending is **-ito** or **-ita**. Thus, **mi casa** simply means *my house*. But **mi casita** is my "home-sweet-home." Similarly, **mi hermanito** is "my dear little brother." These endings can also be added to proper names: **Juan** becomes **Juanito, Ana** becomes **Anita, Jorge** becomes **Jorgito**, and the like.

Just as the ending **-ito/-ita** has an agreeable meaning, the ending **-illo/-illa** has a disagreeable one. If you call a boy **un hombrecito**, you mean that he is mature and well-mannered — "just like a grown-up." If, however, you call someone **un hombrecillo**, you are expressing contempt, calling him a "pipsqueak."

Unlike **-ito** and **-illo**, the ending **-ón** enlarges the meaning of a noun. **Un hombrón** is a hulk of a man.

Some endings are used so often that they become part of the word itself. The word with its ending then takes on a new meaning. Here are some examples:

> **el gatito** (*kitten*) from **gato**
> **el perrito** (*puppy*) from **perro**
> **el sillón** (*armchair*), from **la silla**
> **señorita** (*miss*) from **señora**

23 ¡Qué chico es el mundo!

Countries, Nationalities, Languages

 Vocabulario

PAÍS	NACIONALIDAD	IDIOMA
los Estados Unidos	norteamericano(-a)	el inglés
Inglaterra	inglés/inglesa	el inglés
el Canadá	canadiense	el inglés y el francés
México	mexicano(-a)	el español
España	español/española	el español
Puerto Rico	puertorriqueño(-a)	el español
Cuba	cubano(-a)	el español
Portugal	portugués/portuguesa	el portugués
el Brasil	brasileño(-a)	el portugués
Francia	francés/francesa	el francés
Haití	haitiano(-a)	el francés
Italia	italiano(-a)	el italiano
Alemania	alemán/alemana	el alemán
Rusia	ruso(-a)	el ruso
China	chino(-a)	el chino
el Japón	japonés/japonesa	el japonés

NOTE: The definite article is used with the name of some countries:

la Argentina, el Brasil, el Canadá, el Ecuador, los Estados Unidos, el Japón, el Perú, el Paraguay, la República Dominicana, el Uruguay.

 ¡Qué chico es el mundo! It's indeed a small world. Even so, it has many countries, and many languages are spoken in them. Sometimes the names of the nationality and the language are the same or similar:

un muchacho *español*
una muchacha *española* } Hablan *español*.

Sometimes they are different:

un señor *norteamericano*
una señora *norteamericana* } Hablan *inglés*.

379

__ ACTIVIDADES __

A. Can you figure out where these foods come from? Match the food with the country it comes from and write the matching letter in the space provided:

1. Estados Unidos _____
2. China _____
3. Francia _____
4. México _____
5. España _____
6. Italia _____
7. Japón _____

a. pizza
b. paella
c. sushi
d. sopa wonton
e. crepes suzette
f. tacos
g. pastel (*pie*) de manzanas

B. Where do these people come from? Complete the sentences with the correct form of the adjective of nationality for the country in parentheses:

1. (Haití) Marie es _____.

2. (Francia) Paul y Monique son _____.

3. (Cuba) Enrique es _____.

4. (Rusia) Los abuelos de Jorge son _____.

5. (Japón) Las estudiantes nuevas son _____.

6. (Brasil) Su madre es _____.

7. (Portugal) Esos turistas son _____.

8. (Puerto Rico) Mi familia es _____.

9. (Italia) La tía de Carolina es _____.

10. (Alemania) ¿Son ellos _____?

C. Match the countries and their languages. Write the matching letters in the spaces provided:

1. la Argentina   _____

2. Cuba   _____

3. el Canadá   _____

4. Australia   _____

5. Francia   _____

6. Haití   _____

7. Puerto Rico   _____

8. el Brasil   _____

9. la República Dominicana   _____

10. España   _____

11. Portugal   _____

12. Alemania   _____

13. Rusia   _____

14. China   _____

15. el Ecuador   _____

16. Inglaterra   _____

17. México   _____

18. Chile   _____

a. el alemán
b. el chino
c. el español
d. el francés
e. el inglés
f. el italiano
g. el portugués
h. el ruso

D. Complete the sentences with the correct information:

1. Estamos ahora en _____.

   Aquí viven los _____.

   Hablan _____.

4. Estamos ahora en _____.

   Aquí viven los _____.

   Hablan _____.

2. Estamos ahora en _____.

   Aquí viven los _____.

   Hablan _____.

5. Estamos ahora en _____.

   Aquí viven los _____.

   Hablan _____.

3. Estamos ahora en _____.

   Aquí viven los _____.

   Hablan _____.

6. Estamos ahora en _____.

   Aquí viven los _____.

   Hablan _____.

7. Estamos ahora en _____ .

Aquí viven los _____ .

Hablan _____ .

10. Estamos ahora en _____ .

Aquí viven los _____ .

Hablan _____ .

8. Estamos ahora en _____ .

Aquí viven los _____ .

Hablan _____ .

11. Estamos ahora en _____ .

Aquí viven los _____ .

Hablan _____ .

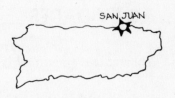

9. Estamos ahora en _____ .

Aquí viven los _____ .

Hablan _____ .

12. Estamos ahora en _____ .

Aquí viven los _____ .

Hablan _____ .

Now let's read something about our world, its countries, and its languages:

En nuestro mundo hay muchos países y se hablan muchos idiomas. ¿Sabe usted que hay más de tres mil idiomas en el mundo? Cada país tiene generalmente un idioma oficial. Por ejemplo, en España es el castellano o español; en Francia, el francés; en Italia, el italiano; en Alemania, el alemán; en Japón, el japonés.	**se hablan** *are spoken* **el idioma = la lengua** *language* **mil** *thousand*

Pero muchos países tienen dos o más idiomas oficiales. En Suiza, por ejemplo, hablan alemán, italiano y francés. En el Canadá, los dos idiomas oficiales son el inglés y el francés. En los Estados Unidos, el español es importante en la Florida, California, Texas, Nuevo México y Nueva York. Allí hay periódicos, revistas, películas, programas de radio y televisión en español. Hay millones de personas en nuestro país que hablan español en su vida diaria. Además, el español es importante también **diario (-a)** *daily* porque es un idioma internacional. Hablan español en casi todos los países de Sudamérica y Centroamérica y en tres países importantes del Caribe: Cuba, la República Dominicana y Puerto Rico.

En las Naciones Unidas hay seis idiomas oficiales. ¿Sabe Ud. cuáles son? Respuesta: Los seis idiomas oficiales de las Naciones Unidas son el árabe, el chino, el español, el francés, el inglés y el ruso. ¿Ahora comprende Ud. por qué el español es un idioma importante?

___ ACTIVIDADES _____

E. Answer the questions:

1. ¿Cuántos idiomas se hablan en el mundo?

2. ¿Generalmente cuántos idiomas oficiales tiene cada país?

3. ¿Cuáles son los idiomas oficiales de Suiza?

_____

4. ¿Cuáles son los idiomas oficiales del Canadá?

_____

5. ¿Cuáles son los idiomas más importantes en los Estados Unidos?

_____

6. ¿En qué otras partes del mundo hablan español?

_____

7. ¿Cuáles son los idiomas oficiales de las Naciones Unidas?

_____

8. ¿Por qué es importante la lengua española?

_____

_____ *PREGUNTAS PERSONALES* _____

1. ¿Qué idiomas hablan en tu casa?

_____

2. ¿Qué idiomas enseñan en tu escuela?

_____

3. ¿Hay alumnos de otros países en tu escuela? ¿De dónde?

_____

4. ¿Crees que el español es un idioma importante? ¿Por qué (sí o no)?

_____

5. ¿Conoces otros países? ¿Cuáles?

_____

CONVERSACIÓN

Vocabulario

¡**Caramba**! *Gosh! Wow!*   **el embajador** *ambassador*

INFORMACIÓN PERSONAL

You have just won a free trip to anywhere in the world. Congratulations! List in order of preference the five countries you would most like to visit and the language(s) spoken in each country. **¡Buen viaje!**

Países   **Idiomas**

1. _____   _____

2. _____   _____

3. _____   _____

4. _____   _____

5. _____   _____

DIÁLOGO

Complete this dialog using expressions chosen from the following list:

Son los Estados Unidos.
Está en la ciudad de Nueva York.
Tiene seis.
Claro. Hablo inglés y español.
No hablo francés.
Se llama las Naciones Unidas.

CÁPSULA CULTURAL

¿Habla usted castellano?

Many people believe that Spain is a country where one language, **el español,** is spoken. It is true that the official national language of Spain is **el español,** or **el castellano.** By the eleventh century, the region of **Castilla** had become the most powerful of the Spanish kingdoms, and its language, **el castellano,** became the official language of the country.

There are, however, regions in Spain that have retained their own languages and cultures. In **Cataluña,** in the northeast corner of Spain bordering on France, **catalán** is widely spoken. In **Galicia,** in the northwest of the Iberian Peninsula, there is another regional language called **gallego.** The language of the Basque provinces bordering the Pyrenees Mountains is **vascuense** (sometimes called **vasco** or **euskera**), an ancient language unrelated to any other on earth.

The peoples of these regions of Spain use their own languages as well as the official **castellano.**

24 Las asignaturas

Preterite Tense

1 **Vocabulario**

Can you guess the names of these subjects (**asignaturas**)?

el álgebra

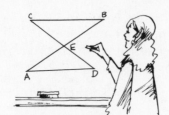

la geometría

el cálculo

la historia

la biología

la química

la física

el arte

la música

la educación física

el inglés

el español

las matemáticas

las ciencias sociales

los trabajos manuales

___ ACTIVIDAD ___

A. You have just received your class schedule for next year. What subjects are you taking?

EXAMPLE: Voy a tener inglés.

1. _____

3. _____

2. _____

4. _____

5. _____   7. _____

6. _____   8. _____

2 Up to now you have learned to talk about things happening **ahora** (*now*), **hoy** (*today*), and even **mañana** (*tomorrow*). Now you will learn to talk about things that happened **anoche** (*last night*), **ayer** (*yesterday*), **la semana pasada** (*last week*), **el mes pasado** (*last month*), or **el año pasado** (*last year*). Of course, you need to use verbs in the past tense. One such past tense in Spanish is the PRETERITE. The PRETERITE is used to express actions or events that started and were completed in the past and happened only once.

3 Read this story about an interesting report card. Pay attention to the verbs in bold type. They are in the preterite:

Ayer, por fin, **terminaron** las clases. Chucho no tiene trabajo durante el verano y puede pasar los meses de julio y agosto en el parque y en la playa. **Trabajó** mucho el año pasado y ahora es hora de divertirse un poco. Anoche su padre **entró** en la casa y **preguntó**: —¿Qué tal, hijo? ¿Ya **terminaste** las clases?

puede *he can*

es hora de *it is time to*
divertirse *to have fun*

—Sí, papá. **Estudié** mucho durante el año y ahora voy a disfrutar las vacaciones. A propósito, ¿quieres ver algo interesante?

durante *during*
disfrutar *to enjoy*
a propósito *by the way*

—Está bien. El papá **cogió** el papel que le **mostró** Chucho. Lo **miró** y **gritó**, furioso. —¿Es éste tu in-

coger *to take*
le *him*
lo *it*

forme escolar? Tu madre y yo nunca **vimos** notas tan horribles. Sacaste 65 en matemáticas, ciencias naturales y español. Y solamente 70 en inglés y en ciencias sociales. No **estudiaste** suficiente. **Miraste** demasiados programas de televisión. **Escuchaste** demasiado la radio. **Jugaste** demasiado con los amigos. Estoy muy desilusionado contigo. Voy a castigarte.

el informe escolar *report card*
nunca *never*

suficiente *enough*
demasiados *too many*
demasiado *too much*
desilusionado *disappointed*
contigo *with you*
castigarte *punish you*

—Pero, papá. Tú no **miraste** bien la fecha del informe. El informe no es mío. Es un informe tuyo que yo **encontré** entre los papeles viejos en el sótano.

mío *mine*
tuyo *yours*
el sótano *basement*

El papá **miró** el informe otra vez y **encontró** la fecha: 1945. Entonces, Chucho le **mostró** su informe. Aquí está el informe de Chucho:

otra vez *again*

Inglés	90
Ciencia	95
Español	95
Ciencias sociales	90
Música	95
Educación física	90
Matemáticas	85

No está mal, ¿verdad?

___ ACTIVIDAD ___

B. Complete las frases:

1. Ayer, por fin, _____ las clases.

2. Chucho _____ mucho el año pasado.

3. Anoche su padre _____: —¿Ya _____ las clases?

4. El papá miró el informe y _____, furioso, —¿Es éste tu

   _____? Nunca _____ notas tan horribles.

5. Según el informe, Chucho sacó 65 en _____, _____

   _____ y _____.

6. Sacó 70 en _____ y en _____ .

7. El papá de Chucho no _____ bien la fecha del informe.

8. Chucho encontró el informe entre los papeles viejos _____ .

9. El papá de Chucho _____ la fecha del informe.

10. En realidad, Chucho sacó 90 en _____ , _____

y _____ , 85 en _____ y 95 en

_____ , _____ y _____ .

To form the preterite tense of regular **-AR** verbs, simply remove the **-ar** ending of the verb and substitute the preterite ending:

hablár

yo hablé
tú hablaste
Ud., él, ella habló
nosotros hablamos
Uds., ellos, ellas hablaron

__ ACTIVIDADES _____

C. Here are some things you and your friends did yesterday. Complete the sentences with the correct form of the verb in parentheses:

1. (trabajar) Carlos _____ mucho.

2. (estudiar) Tú _____ para el examen de español.

3. (comprar) Uds. _____ discos de música rock.

4. (visitar) Mercedes _____ a su padre.

5. (hablar) Mis hermanas _____ por teléfono todo el día.

6. (cantar) Ud. _____ en un programa de radio.

7. (bailar) Mauricio y Jorge _____ en varios programas de televisión.

8. (escuchar) Yo _____ música.

D. Answer the following questions in complete Spanish sentences:

1. ¿Compró Ud. un periódico hoy?

_____

2. ¿Miró Ud. la televisión anoche?

_____

3. ¿Estudió Ud. la lección de español anoche?

_____

4. ¿Habló Ud. ayer por teléfono con sus amigos?

_____

5. ¿Cerró Ud. la puerta de su casa hoy por la mañana?

_____

6. ¿Trabajó Ud. el verano pasado?

_____

E. Change the following sentences from the present to the preterite:

1. La profesora explica bien la lección.

_____

2. ¿Por qué grita su mamá?

_____

3. Tú tomas el autobús detrás de tu casa.

_____

4. Mis amigos bailan muy bien.

_____

5. El tren pasa delante de mi casa.

_____

6. Me gustan tus zapatos nuevos.

_____

7. Uds. caminan en dirección a la escuela.

_____

8. Nosotros usamos los tenedores de plástico.

_____

5 Now that you know the preterite tense endings of regular **-AR** verbs, let's learn the preterite of **-ER** and **-IR** verbs. Regular **-ER** and **-IR** verbs have the same preterite tense endings:

	com~~er~~	abr~~ir~~
yo	com*í*	abr*í*
tú	com*iste*	abr*iste*
Ud., él, ella	com*ió*	abr*ió*
nosotros	com*imos*	abr*imos*
Uds., ellos, ellas	com*ieron*	abr*ieron*

__ ACTIVIDADES __

F. What did these people do last Sunday? Complete the sentences with the correct form of the verbs in parentheses:

1. (comer) Mis padres _____ en un restaurante mexicano.

2. (beber) Mi tío _____ vino francés.

3. (recibir) Tú _____ una sorpresa.

4. (ver) Nosotros _____ una buena película.

5. (vender) Mi hermana _____ limonada delante de la casa.

6. (escribir) Yo _____ una carta a mis abuelos.

7. (correr) Uds. _____ por el parque.

8. (salir) Juana _____ con Jorge.

9. (aprender) El bebé _____ a caminar.

G. You were out late on Saturday night and slept until noon on Sunday. What did everyone do while you were sleeping?

1. tú / jugar al tenis

_____

2. mi mamá / preparar la carne

_____

3. él / hablar por teléfono

_____

4. Uds. / trabajar en el jardín

_____

5. nosotros / correr dos millas

_____

6. mi papá / abrir la tienda

_____

7. Ud. / cubrir el automóvil

_____

8. mis primas / comer pan con queso

_____

9. mi tía / escuchar discos

_____

10. mis hermanos / salir al parque

_____

H. Make all sentences in Actividad G negative:

1. _____

2. _____

3. _____

4. _____

5. _____

6. _____

7. _____

8. _____

9. _____

10. _____

I. Change the following sentences from the present to the preterite:

1. Salgo de mi casa a las ocho de la mañana.

2. Uds. escriben una composición en español.

3. Nosotros saludamos a nuestros amigos.

4. Tú aceptas mi explicación.

5. Rosita vive en la ciudad de México.

6. Ellos beben mucho café.

7. Mis hermanitas gritan por la noche.

8. Nosotros comemos a las seis y después estudiamos.

9. Tú visitas a tus amigos y después sales con ellos.

10. La actriz canta y baila muy bien.

J. You have to write a composition in Spanish about what happened in school yesterday. Express the following in Spanish:

1. The teacher opened the door at eight fifteen in the morning.

2. We learned new words in Spanish.

3. The students wrote on the blackboard.

4. Manuel closed all the windows.

_____

5. I ate a hamburger in the cafeteria.

_____

6. My friends drank orange juice.

_____

7. You (formal) studied for an exam.

_____

8. He saw a Mexican film.

_____

9. María used the teacher's dictionary.

_____

10. We left the school at three o'clock in the afternoon.

_____

PREGUNTAS PERSONALES

1. ¿Qué asignaturas tienes este semestre?

_____

2. Qué asignaturas aprendiste el año pasado?

_____

3. ¿Qué programas de televisión viste anoche?

_____

4. ¿A qué hora saliste de la escuela ayer?

_____

5. ¿Qué recibiste de regalo de cumpleaños el año pasado?

_____

CONVERSACIÓN

Vocabulario

Es que *the fact is that*
el curso de verano *summer school*

la mala suerte *bad luck*

CÁPSULA CULTURAL

La influencia española

What's the name of the town or city in which you live? Did you ever wonder how it got its name? Some of our states and many of our cities, particularly in the southwestern part of the United States, have the Spanish names given to them by Spanish explorers and settlers. Here are a few examples:

STATES

Colorado (red)
Florida (full of flowers)
Nevada (snow-covered)
California (named after
    an island in a Spanish tale)

CITIES

Los Angeles (The Angels)
San Francisco (Saint Francis)
Las Vegas (Fertile Plains)
Santa Fe (Holy Faith)
San Antonio (Saint Anthony)
San Diego (Saint James)

The Hispanic influence can also be seen in geographical terms (**sierra, mesa**), in many words associated with cowboys and the West (**arroyo, rodeo, corral, burro, pinto, coyote**), and in the everyday foods you eat (**tomato, potato, chocolate**). Does your city or town have a **plaza**? Or your house a **patio**? Have you ever seen an alligator (from **el lagarto** *the lizard*)? Have you experienced a hurricane (**el huracán**)?

Can you think of five more words and five names of cities derived from Spanish?

DIÁLOGO

You are the second person in the dialog. Complete it with your own responses:

Make up your own report card! Make a list in Spanish of all the subjects you have taken this term and give yourself the grades you think you deserve.

Repaso VI
(Lecciones 21–24)

Lección 21

Review the vocabulary on pages 353–354.

Lección 22

The verb **decir** (*to say, to tell*) has irregular forms except for the **nosotros** form:

yo **di**go		nosotros }	**decimos**
tú **di**ces		nosotras }	
Ud. }	**di**ce	Uds. }	**di**cen
él }		ellos }	
ella)		ellas)	

Lección 23

Review the vocabulary on page 379.

Lección 24

To form the preterite tense of regular **-AR, -ER,** and **-IR** verbs, drop the **-ar, -er,** and **-ir** from the infinitive and add the appropriate endings:

	habla~~r~~	corre~~r~~	subi~~r~~
yo	habl**é**	corr**í**	sub**í**
tú	habl**aste**	corr**iste**	sub**iste**
Ud., él, ella	habl**ó**	corr**ió**	sub**ió**
nosotros	habl**amos**	corr**imos**	sub**imos**
Uds., ellos, ellas	habl**aron**	corr**ieron**	sub**ieron**

___ ACTIVIDADES ___

A. Complete the sentences under the pictures. Choose the verbs from the following list:

comer	correr	preparar	subir
comprar	jugar	salir	viajar

1. Ayer mis amigos _____ al fútbol.

2. Anoche mi mamá _____ arroz con pollo.

3. Ayer mi gato _____ a un árbol.

4. La semana pasada nosotros _____ de la escuela tarde.

5. El sábado pasado María _____ un vestido.

6. El verano pasado yo _____ muchas cerezas.

7. Anoche ellos _____ tres millas.

8. Ud. _____ a Puerto Rico en avión.

B. **¿Qué recibió Rosa para su cumpleaños?** Fill in the Spanish words, then read down the boxed column to find what Rosa got for her birthday:

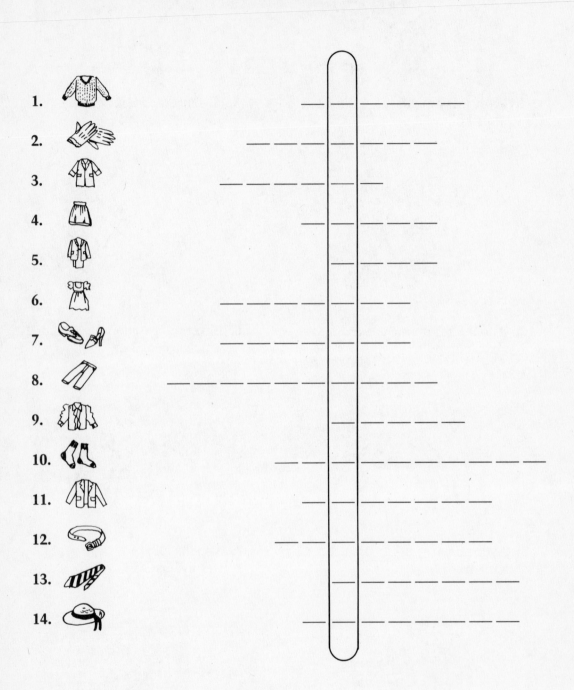

1.

2.

3.

4.

5.

6.

7.

8.

9.

10.

11.

12.

13.

14.

C. Crucigrama de animales. There are sixteen animals in the puzzle, based on the picture clues below:

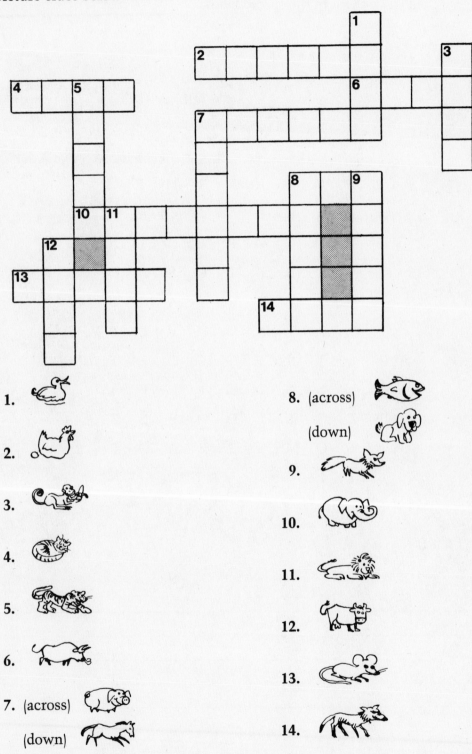

1.

2.

3.

4.

5.

6.

7. (across)

   (down)

8. (across)

   (down)

9.

10.

11.

12.

13.

14.

D. **Buscapalabras.** There are fourteen articles of clothing and five animals hidden in the puzzle. Circle them from left to right, right to left, up or down, or diagonally across. Then write them in the spaces below:

```
Z P N Ó R U T N I C
F A L D A V A C A H
S N P C O R B A T A
U T T A B L U S A Q
É A R M T O T A P U
T L A I A O H P E E
E O J S T O R O F T
R N E A O G I R B A
V E S T I D O P E Z
D S O M B R E R O P
```

_____ _____

_____ _____

_____ _____

_____ _____

_____ _____

_____ _____

E. Crucigrama de idiomas. Write the Spanish names of nine languages you have learned. Letters at the intersections give further clues:

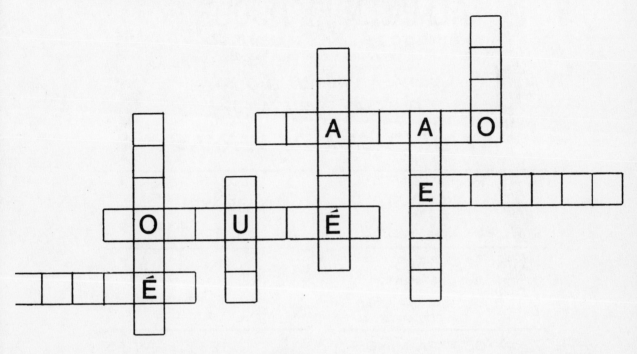

F. Jumble. Unscramble the words. Then unscramble the letters in the circles to find out what the words have in common:

ELAMIANA

SOSEDAT DINUSO

LIRSAB

ITHÍA

GULATROP

ÑEPASA

Solución : Son

G. Anuncio publicitario (*Advertisement*)

For each question, choose the best answer from the choices given and write the letter of your answer in the space provided. Base your answers on the ad above:

1. What kinds of clothing are sold in this store? _____
   (a) For males and females of all ages. (b) For pets.
   (c) For brides. (d) For the military.

2. What kind of sale is being held now? _____
   (a) Winter Sale. (b) Summer Sale. (c) Christmas Sale.
   (d) "Going Out of Business" Sale.

3. Where do the shoes come from? _____
   (a) Spain. (b) Italy. (c) Korea. (d) USA.

4. What kinds of jackets are being sold? _____
   (a) Men's leather jackets. (b) All kinds of women's jackets.
   (c) Boys' jackets. (d) Mink jackets.

5. What types of suits are being advertised? _____
   (a) Stylish suits. (b) Elvis Presley suits.
   (c) Children's suits. (d) Extra-large suits.

6. What choice of colors is there in men's shirts? _____
   (a) Red only. (b) White only (c) Plaid only. (d) Many colors.

7. How much money would be saved on a pair of men's trousers? _____
   (a) 50%. (b) $2. (c) $5. (d) 1/3.

8. What kinds of sweaters are being offered? _____
   (a) Children's. (b) Men's. (c) Girls'. (c) Women's.

9. How many pairs of shoes can one purchase? _____
   (a) Any number of pairs. (b) One pair. (c) Two pairs.
   (d) Six pairs.

10. When is the store open? _____
    (a) Tuesday through Sunday. (b) Weekdays only.
    (c) Monday, Wednesday, and Friday. (d) Every day.

H. Picture Story. Read this story. Much of it is in picture form. When you come to a picture, read it as if it were a Spanish word:

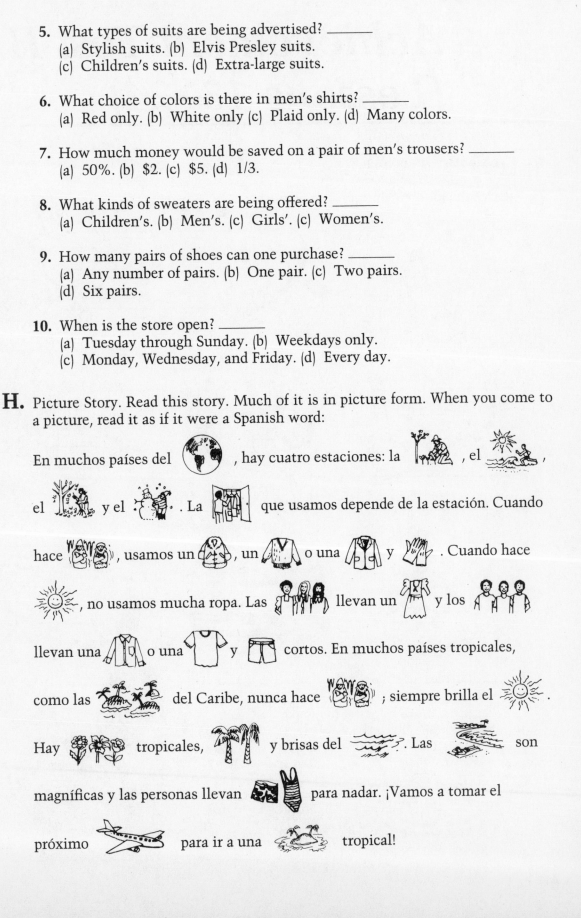

Achievement Test II (Lessons 13–24)

1 Vocabulary [15 points]

Label the following pictures in Spanish:

1. _____

5. _____

9. _____

2. _____

6. _____

10. _____

3. _____

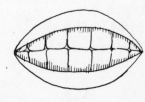

7. _____

11. _____

4. _____

8. _____

12. _____

13. _____   14. _____   15. _____

 Irregular verbs and **gustar** [20 points]

Complete the sentences in the present tense:

1. (tener) Yo _____ hambre.

2. (tener)¿ _____ ustedes frío?

3. (tener) La mano _____ cinco dedos.

4. (ir) María _____ a la escuela.

5. (ir) Nosotros _____ al cine los domingos.

6. (ir) Yo _____ a leer el libro mañana.

7. (querer) Tú _____ muchas cosas imposibles.

8. (querer) Mis padres _____ hablar con la profesora.

9. (querer) Yo no _____ comer ahora.

10. (hacer) _____ mucho calor en los trópicos.

11. (hacer) Nuestra madre _____ siempre la comida.

12. (hacer) Yo _____ mis tareas en la escuela.

13. (decir) La radio _____ que va a llover.

14. (decir) Nosotros _____ que hoy es lunes.

15. (decir) Yo siempre _____ la verdad.

16. (gustar) Me _____ el cine.

17. (gustar) ¿No te _____ las flores?

18. (gustar) Nos _____ mucho la comida mexicana.

19. (gustar) A María no le _____ bailar.

20. (haber) ¿Qué _____ cerca de la escuela?

3 Preterite tense [15 points]

Complete the sentences using the preterite tense of the verbs:

1. (comprar) Yo _____ muchos libros ayer.

2. (aprender) ¿Dónde _____ usted esa canción?

3. (recibir) Nosotros no _____ la carta.

4. (trabajar) Los muchachos _____ el verano pasado en el mercado.

5. (salir) Mis hermanas _____ a las seis de la tarde.

6. (vender) Yo _____ mi coche el mes pasado.

7. (visitar) Tú _____ México, ¿verdad?

8. (ver) María y yo _____ una película ayer.

9. (abrir) ¿Cuándo _____ ustedes el paquete?

10. (escuchar) Yo _____ la noticia en la radio.

11. (vivir) Juanita _____ en San José el año pasado.

12. (cantar) Anoche mi hermana _____ muy bien.

13. (comer) El lunes pasado mi familia _____ a las ocho.

14. (escribir) Ayer nosotros _____ mucho en la clase de español.

15. (beber) ¿_____ usted el café?

4 Prepositions [10 points]

Complete the sentences: ·

1. (in) _____ el árbol hay dos pájaros.

2. (under) _____ árbol hay una bicicleta.

3. (around) _____ la casa hay muchas flores.

4. (through) La muchacha mira _____ la ventana.

5. (behind) Hay otra calle _____ la casa.

6. (in front of) _____ la escuela hay un policía.

7. (near) Hay un automóvil _____ la tienda.

8. (far from) La madre no está _____ su hijo.

9. (on) Hay muchos libros _____ la mesa.

10. (next to) _____ la casa hay un garaje.

 Weather expressions [10 points]

¿Qué tiempo hace?

1. _____

3. _____

2. _____

4. _____

5. _____   8. _____

6. _____   9. _____

7. _____   10. _____

 Numbers [10 points]

Write the numbers in Spanish:

1. (11) _____ casas

2. (13) _____ sombreros

3. (30) _____ alumnos

4. (15) _____ ventanas

5. (50) _____ dólares

6. (66) _____ automóviles

7. (73) _____ muchachas

8. (88) _____ árboles

9. (95) _____ gatos

10. (100) _____ hombres

Possessive adjectives [10 points]

Choose the correct word and write it in the blank:

1. (nuestro, nuestra, nuestros) _____ amigos

2. (mi, mis) _____ casas

3. (su, sus) _____ lección

4. (tu, tus) _____ automóvil

5. (su, sus) _____ amigas.

6. (su, sus) _____ libro

7. (tu, tus) _____ tías

8. (su, sus) _____ profesor

9. (su, sus) _____ familia

10. (mi, mis) _____ periódicos

Listening Comprehension [6 points]

a. Multiple choice (English)

Listen to your teacher give you some background information in English. Then you will hear a passage in Spanish *twice*, followed by a question in English. After you have heard the question, look at the question and the four suggested answers in your book. Choose the best suggested answer and write its number in the space provided.

What season is being described?   _____

1. Spring   2. Summer   3. Autumn   4. Winter

b. Multiple choice (Spanish)

Listen to your teacher give you some background information in English. Then you will hear a passage in Spanish *twice*, followed by a question in Spanish. After you have heard the question, look at the question and the four suggested answers in your book. Choose the best suggested answer and write its number in the space provided:

¿Cuál es la profesión de tu tío? _____

1. Es abogado.   2. Es médico.   3. Es vendedor.   4. Es profesor.

c. Multiple choice (Visual)

Listen to your teacher give you some background information in English. Then you will hear a passage in Spanish *twice*, followed by a question in English. After you have heard the question, look at the question and the four pictures in your book. Choose the picture that best answers the question and circle its number:

Where does Pablo live?

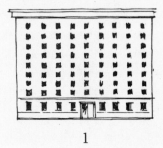
1

3

2

4

⑨ Reading Comprehension [4 points]

Choose the best answer to each of the two questions. Base your choice on the content of the selection. Write the number of your answer in the space provided.

a. Multiple choice (English)

APRENDA INGLÉS

* Conversación, lectura, gramática, modismos
* Los cursos empiezan pronto
* Clases de día, de noche y los sábados
* Ayuda financiera
* Pagos semanales

Información de lunes a sábado

555-2000

¡LLAME AHORA MISMO!

When can a student respond to this ad? _____

1. Sunday morning.
2. Every day.
3. Only in the evening.
4. At all times except Sunday.

b. Multiple choice (Spanish)

CAFÉ BARCELONA

Auténtica comida española. Mariscos.

Especialidades: Pescados y mariscos
Mariscada en salsa verde
Paella marinera
y otros deliciosos platos del mar

ESPECTÁCULO ARTÍSTICO
TODAS LAS NOCHES:

Lunes y martes	Esperanza, de Santo Domingo
Miércoles	Mario Calderón
Jueves	Las Estrellitas
Viernes, sábado y domingo	Las voces románticas de Paco y Paquita

ALMUERZO — CENA — CÓCTEL

¿Por qué van muchas personas a este restaurante? _____

1. Porque sirven desayuno.
2. Porque sirven comida latinoamericana.
3. Porque hay buena comida y un espectáculo nocturno.
4. Porque sirven toda clase de carne.

Culture Quiz

Having read the **Cápsulas culturales,** the blanks in this Quiz should be no problem.

1. There are approximately _____ Spanish-speaking people in the world today.

2. _____ is the largest Spanish-speaking country in South America.

3. A flat, round pancake, generally made of corn meal and used as bread, is called

   _____ .

4. _____ is a spicy dip made with mashed avocados, tomatoes, chili, lemon juice, and chopped onions.

5. The English word *cafeteria* comes from the Spanish word _____ ,

   which means _____ .

6. In the metric system, a kilo is approximately _____ pounds.

7. A _____ is a grocery store in Puerto Rico but a wine cellar in Spain.

8. The ending **-ito** or **-ita** makes a Spanish noun _____ .

9. A typical Spanish breakfast is light, consisting of _____ and

   café con _____ .

10. Small portions of food, something like hors d'oeuvres, are called _____ .

11. Supper in Spain is usually not eaten until _____

    or _____ o'clock at night.

12. On hot days, Spanish children often drink a glass of iced coffee with a scoop of

    vanilla ice cream called **un** _____ **y** _____ .

13. In Mexico and in many parts of the Caribbean, an ice-cold shake made from trop-

    ical fruits is called _____ .

14. A beverage once considered so precious it was drunk from gold cups by the em-

    peror of the Aztecs is now called _____ .

15. **Un sandwich cubano** is very much like our _____ .

16. In addition to the official language of **castellano,** other languages spoken in Spain

are _____, _____, and _____.

17. Pelota vasca, considered the fastest game on earth, is generally known as

_____.

18. If you needed an elevator, you would look for a sign that said _____.

19. The inner courtyard of a Spanish home is the _____; the iron grills

on the windows are called _____.

20. The monetary unit of Mexico and several other Latin American countries is the

_____, while in Spain it is the _____.

21. In the Spanish name **Pablo Gómez (y) Herrera,** the father's name is

_____ and the mother's is _____.

22. Hispanic people customarily _____ when meeting and parting.

23. Two cities in the United States whose names are derived from Spanish are

_____ and _____.

24. When writing a date in Spanish, the _____ comes first and the

_____ comes second.

25. If you saw a sign that read METRO, you would be able to travel by _____.

Spanish-English Vocabulary

A

a to, at; **a la dos** at 2 o'clock
abierto open
abogada *f.*, **abogado** *m.* lawyer
abrigo *m.* overcoat
abril April
abrir to open
abuela *f.* grandmother
abuelo *m.* grandfather; **los abuelos** grandparents
accidente *m.* accident
aceptar to accept
actividad *f.* activity
actor *m.* actor
actriz *f.* actress
además besides, in addition
adiós good-bye
¿adónde? (to) where?; **¿adónde va Ud.?** where are you going?
aeropuerto *m.* airport
agencia *f.* **de viajes** travel agency
agosto August
agradable pleasant, nice
agua *f.* water
ahora now; **ahora mismo** right now
aire *m.* air
alegre happy
alemán, alemana German; **alemán** *m.* German (man); **alemana** *f.* German (woman); **alemán** *m.* German (language)
Alemania Germany
álgebra *f.* algebra
algo something, anything; **¿hay algo más?** is there anything else?
algodón *m.* cotton
algún, alguna any
alimento m. food, nourishment
almacén *m.* department store
almuerzo *m.* lunch

alrededor (de) around
alto tall
alumna *f.*, **alumno** *m.* pupil, student
allí there
amable kind, nice
amarillo yellow
ambulancia *f.* ambulance
americano American
amiga *f.*, **amigo** *m.* friend
amor *m.* love; **amorcito, mi amor** darling, my love
anaranjado orange (*color*)
andar to walk; **algo anda mal** something is wrong
animal *m.* animal; **animal doméstico** pet
aniversario *m.* anniversary
antes de before
anuncio *m.* announcement; **anuncio publicitario** advertisement
año *m.* year; **tener . . . años** to be . . . years old **¿cuántos años tiene Ud.?** how old are you?
apartamento *m.* apartment
aprender to learn
aquí here
árabe Arabic (language)
árbol *m.* tree; **árbol de Navidad** Christmas tree
aritmética *f.* arithmetics
arroz *m.* rice; **arroz con frijoles** rice and beans; **arroz con pollo** chicken with rice
arte *m.* art
artificial artificial
artista *m.* & *f.* artist
ascensor *m.* elevator
así so, therefore
aspirina *f.* aspirin
atún *m.* tuna fish
auto, automóvil *m.* car, automobile

autobús *m.* bus
ave *m.* bird
avenida *f.* avenue
avión *m.* airplane
¡ay! oh! (*expression of distress*); **¡ay de mí!** poor me!
ayuda *f.* aid, help
ayudante *m.* & *f.* assistant
ayudar to help
azúcar *m.* sugar
azul blue

B

bailar to dance
baile *m.* dance
bajo low, short; **a precios bajos** at low prices
banana *f.* banana
banco *m.* bank; bench
bandera *f.* flag
baño *m.* bath; **cuarto de baño** bathroom; **traje de baño** bathing suit
barbero *m.* barber
base *f.* base
basura *f.* garbage
bebé *m.* baby
beber to drink
bebida *f.* beverage, drink
béisbol *m.* baseball
beso *m.* kiss
biblioteca *f.* library
bicicleta *f.* bicycle
bien well; **está bien** all right
bienvenido welcome
biología *f.* biology
bistec *m.* steak
blanco white
blusa *f.* blouse
boca *f.* mouth
bombero *m.* fireman
bonito pretty
botánico botanical
botella *f.* bottle

Brasil m. Brazil
brasileño Brazilian
brazo m. arm
brisa f. breeze; **brisa del mar** sea
  breeze
bueno good; all right, O.K.;
  ¡Buen viaje! Have a nice trip!;
  ¡Qué bueno! How nice!;
  ¡Buena suerte! Good luck!
burro m. donkey
buscar to look for

C

caballo m. horse
caballero m. gentleman
cabeza f. head
cada each, every
cadáver m. corpse; dead body
café m. coffee; café
calcetín m. sock
cálculo m. calculus
calendario m. calendar
caliente warm, hot
calor m. heat; **hacer calor** to be
  warm or hot (weather); **tener**
  calor to be (= feel) warm or
  hot; **hace calor hoy** it's warm
  today; **tengo calor** I am warm
calle f. street
cama f. bed
camarera f. waitress
camarero m. waiter
caminar to walk
camisa f. shirt
camiseta f. T-shirt; undershirt
campo m. country, field
Canadá m. Canada
canadiense Canadian
canción f. song
cansado tired
cantar to sing
cara f. face
¡caramba! gosh!; wow!
Caribe: mar m. **Caribe**
  Caribbean Sea; **la zona del**
  Caribe Caribbean area
carne f. meat; **carne de vaca**
  beef
carnicería f. butcher shop
carpintero m. carpenter
cartera f., **cartero** m. letter
  carrier
casa f. house, home; **en casa** at
  home
casi almost

caso m. case
castellano m. Castilian;
  Spanish (language)
castigar to punish
catorce fourteen
cazar to hunt
celebrar to celebrate
célebre famous
cena f. supper
centavo m. cent, penny
centro comercial m. shopping
  center, mall
Centroamérica Central
  America
cerca de near
cerdo m. pork
cereal m. cereal
cereza f. cherry
cero zero
cerrado closed
cesta f. basket
cielo m. sky
cien, ciento one hundred; **por**
  ciento percent
ciencias f. pl. science; **ciencias**
  sociales social studies
científico m. scientist
cinco five
cincuenta fifty
cine m. movie theater; **ir al**
  cine to go to the movies
cinturón m. belt
circo m. circus
ciudad f. city
¡claro! of course
clase f. clase; kind, type; **clase**
  de español Spanish class; **no**
  hay clases hoy there's no
  school today; **muchas clases**
  de many kinds of; **¿qué clase**
  de...? what kind of...?
cliente m. & f. customer
cocina f. kitchen
cocinar to cook
cóctel m. cocktail
coche m. car
cochino m. pig
coger to take
color m. color
comedor m. dining room
comer to eat
comestibles f. pl. groceries;
  tienda f. **de comestibles**
  grocery store
comida f. meal; food
como as, like, **¿cómo?** how?;
  ¿Cómo está Ud.? How are
  you?

compañera f. **compañero** m.
  companion
compartir to share
comprador m., **compradora** f.
  buyer, customer, shopper
comprar to buy
comprender to understand
con with
concierto m. concert
conejo m. rabbit
confituras f. pl. preserves
conmigo with me
conocer to know
conservas f. pl. canned food
contar to count
contento glad, happy
contestar to answer
contigo with you
corazón m. heart
corbata f. necktie
correo m. post office
correr to run
corto short
cosa f. thing; **muchas cosas que**
  hacer many things to do
costar to cost; **cuesta** it costs
costilla f. **de puerco** pork chop
creer to believe, think
crema f. cream
criada f. maid, servant
criminal criminal
crucigrama m. crossword
  puzzle
cruel cruel
cuaderno m. notebook, exercise
  book
cuadro m. painting
¿cuál? cuáles? which? what?
cuando when; **¿cuándo?** when?
¿cuánto? how much? **¿cuántos?**
  how many?
cuarenta forty
cuarto m. room; **cuarto de baño**
  bathroom
cuarto: es la una y cuarto it's a
  quarter past one (o'clock), it's
  1:15
cuatro four
cubano Cuban
cubiertos m. pl. flatware
  (knives, forks, spoons)
cubrir to cover
cuchara f. spoon; tablespoon
cucharita f. teaspoon
cuchillo m. knife
cuello m. neck
cuerpo m. body
¡Cuidado! (Be) careful!

cumpleaños *m.* birthday
curso *m.* course; **curso de verano** summer course

Ch

champán *m.* champagne
champiñón *m.* mushroom
chaqueta *f.* jacket
chica *f.* girl
chico *m.* boy
chileno Chilean
chino Chinese
chocolate *m.* chocolate
chocolatín *m.* chocolate bar, piece of chocolate

D

dar to give
de of, from; **la hermana de María** Mary's sister
debajo de under, beneath
deber to owe
decir to say; to tell
dedo *m.* finger
delante de in front of
delicioso delicious
demasiado too much; **demasiados** too many
dentista *m. & f.* dentist
dependiente *m. & f.* clerk (in a store)
deporte *m.* sport
desayuno *m.* breakfast
describir to describe
descubrimiento *m.* discovery
desear to wish; to want
desilusionado disappointed
detrás de in back of, behind
día day; **buenos días** good morning; **día de fiesta** holiday; **todo el día** all day; **todos los días** every day; **Día de la Raza, Día de la Hispanidad** Columbus Day
diccionario *m.* dictionary
diciembre December
diente *m.* tooth
diez ten; **diez y nueve** nineteen; **diez y ocho** eighteen; **diez y seis** sixteen; **diez y siete** seventeen
difícil difficult, hard
dinero *m.* money
Dios God

director *m.*, **directora** *f.* director; (school) principal
disco *m.* phonograph record
discoteca *f.* discotheque, disco
disculpar: disculpe excuse me
disfrutar to enjoy
divertirse to have fun
dividir to divide; **dividido por** divided by
doce twelve
docena *f.* dozen
doctor *m.*, **doctora** *f.* doctor
dólar *m.* dollar
domingo *m.* Sunday
dominicano Dominican; **la República Dominicana** Dominican Republic
¿dónde? where?
dormir to sleep
dormitorio *m.* bedroom
dos two
dulce *m.* sweet; piece of candy; **dulces** candy, sweets
durante during

E

Ecuador *m.* Ecuador
ecuatoriano Ecuadorian
edad *f.* age
edificio *m.* building; **edificio de apartamentos** apartment building
educación física *f.* physical education
ejercicio *m.* exercise
él he
electrodoméstico: aparato electrodoméstico *m.* electrical appliance
elefante *m.* elephant
ella she
ellas, ellos they
empezar to begin
empleada *f.*, **empleado** *m.* employee
en in, on
encima (de) on top (of)
enero January
enfermera *f.*, **enfermero** *m.* nurse
enfermo sick, ill; **enferma** *f.*, **enfermo** *m.* sick person, patient
enorme enormous, huge
ensalada *f.* salad; **ensalada de papas** potato salad

enseñar to teach
entonces then; in that case
entrar (en) to enter; **entrar en la clase** to enter (come into) the class
esa, ese, eso that; **eso es todo** that's all; **por eso** for that reason
escribir to write
escritorio *m.* desk
escuchar to listen (to)
escuela *f.* school
España Spain
español Spanish; *m.* Spaniard; **española** *f.* Spanish woman; **español** *m.* Spanish (language)
espectáculo *m.* spectacle
esperar to wait; to hope
esposa *f.* wife
esposo *m.* husband
estación season; station; **estación de trenes** train station
estadio *m.* stadium
Estados Unidos *m. pl.* United States
estar to be; **está bien** O.K., all right
esta, este this; **esta noche** tonight
estilo *m.* style
estómago *m.* stomach
estrella *f.* star
estudiante *m. & f.* student
estudiar to study
estudio *m.* study
estupendo great, fine
estúpido stupid
examen *m.* (*pl.* **exámenes**) examination, test
excelente excellent

F

fábrica *f.* factory
fácil easy
falda *f.* skirt
familia *f.* family
famoso famous
farmacia *f.* pharmacy, drugstore
favor *m.* favor; **por favor** please
febrero February
fecha *f.* date
feo ugly
feroz savage, cruel

fiebre *f.* fever
fiesta *f.* party; **día de fiesta** holiday
fin *m.* end; **al fin** at last
finalmente finally
financiero financial
finca *f.* farm
física *f.* physics
foto, fotografía *f.* photo, photograph
flaco thin, skinny
flor *f.* flower
francés, francesa French; *m.* Frenchman; *f.* French woman; **francés** *m.* French (language)
Francia France
frase *f.* sentence
frecuencia: con frecuencia frequently
fresco fresh; **hace fresco** it's cool (weather)
frijoles *m. pl.* beans
frío cold; **hacer frío** to be cold (weather); **tener frío** to be (= feel) cold; **tengo frío** I'm cold; **estar frío** to be cold (*liquids or objects*); **el agua está fría** the water is cold
frito fried
fruta *f.* fruit
frutería *f.* fruit store

G

gallina *f.* hen
ganar to win; to earn
garaje *m.* garage
gasolina *f.* gas
gatito *m.* kitten
gato *m.* cat
general: por lo general in general
gente *f.* people
geometría *f.* geometry
gordo fat
gracias thanks, thank you; **muchas gracias** thanks very much
grado *m.* degree; grade
grande big, large, great
guante *m.* glove
guapo handsome
gustar to please; **me gusta(n)** I like
guía *m. & f.* guide

H

habitación *f.* room
hablar to speak, talk; **hablar por hablar** to talk for talk's sake
hacer to do; to make; **hace buen tiempo** the weather is nice; **hace calor** it's warm (hot); **hace fresco** it's cool (chilly); **hace frío** it's cold; **hace mal tiempo** the weather is bad; **hace sol** it's sunny; **hace viento** it's windy; **¿Qué tiempo hace?** How's the weather?
Haití Haiti
haitiano Haitian
hambre *f.* hunger; **tener hambre** to be hungry
hamburguesa *f.* hamburger
hasta until; **hasta la vista** I'll be seeing you, see you later; **hasta mañana** see you tomorrow; **hasta luego** see you later
hay there is; there are; **no hay** there isn't, there aren't; **no hay clases hoy** there's no school today
helado *m.* ice cream; **helado de vainilla** vanilla ice cream
hermana *f.* sister
hermano *m.* brother
hierba *f.* grass
hija *f.* daughter
hijo *m.* son; **hijos** sons, son(s) and daughter(s)
historia *f.* history
hoja *f.* leaf
hola hello
hombre *m.* man
hora *f.* hour; **¿Qué hora es?** What time is it?; **es hora de** it is time to
horrible horrible
hotel *m.* hotel
hoy today
huevo *m.* egg; **huevos fritos** fried eggs; **huevos duros** hard-boiled eggs

I

idioma *m.* language
iglesia *f.* church

importa: no importa it doesn't matter, never mind
importado imported
importante important
imposible impossible
informe *m.* report
Inglaterra England
inglés, inglesa English; *m.* Englishman; *f.* English-woman; *m.* English (language)
inmenso immense, huge
invitar to invite
inteligente intelligent
interesante interesting
invierno *m.* winter
ir to go; **ir a pie** to walk, go on foot; **ir en auto, ir en automóvil, ir en coche** to go by car; **ir en autobús** to go by bus; **ir en avión** to go by plane; **ir en bicicleta** to go by bicycle; **ir en metro** to go by subway; **ir en taxi** to go by taxi; **ir en tren** to go by train; **ir de compras** to go shopping; **ir de excursión** to go on a trip
isla *f.* island
Italia Italy
italiano Italian

J

jamón *m.* ham
Japón *m.* Japan
japonés, japonesa Japanese; *m.* Japanese (man), *f.* Japanese (woman); *m.* Japanese (language)
jardín *m.* garden; **jardín botánico** botanical garden
joven young; *m.* young man *f.* young woman
juego *m.* game; match; **hacer juego** to match
jueves *m.* Thursday
jugo *m.* juice; **jugo de naranja** orange juice
julio July
junio June

K

kilómetro *m.* kilometer

L

labio *m.* lip
lado *m.* side; **al lado de** next to, beside
lago *m.* lake
lámpara *f.* lamp
lana *f.* wool
lápiz *m.* (*pl.* **lápices**) pencil
largo long
lata *f.* (tin) can
lección *f.* lesson
leche *f.* milk
lechería *f.* dairy
lechuga *f.* lettuce
leer to read
legumbre *f.* vegetable
lejos de far from
lengua *f.* tongue, language
lenguado *m.* sole
león *f.* lion
levantar to lift, raise; **levantarse** to get up; **yo me levanto** I get up
libra *f.* pound
libre free
librería *f.* bookstore
libro *m.* book
limón *m.* lemon
limpiar to clean
limpio clean
liquidación *f.* sale
lista *f.* **de platos** menu
litro *m.* liter (= *1.06 quarts*)
lobo *m.* wolf
loco crazy; *m.* crazy person, lunatic
lugar *m.* place
lunes *m.* Monday

Ll

llamar to call; **¿cómo se llama Ud.?** what is your name?; **yo me llamo Susana** my name is Susan; **él se llama Pablo** his name is Paul
llenar to fill; to fulfill
lleno full
llevar to wear; to take
llueve it's raining

M

madre *f.* mother
maestra *f.*, **maestro** *m.* teacher; *m.* master

¡magnífico! great! wonderful!
maíz *m.* corn
malo bad; **estar malo** to be sick, feel sick
mamá *f.* mom; **mamacita, mamita** *f.* mommy
mandar to send
mano *f.* hand
mantequilla *f.* butter
manzana *f.* apple
mañana tomorrow; **de la mañana** A.M., in the morning
mar *m.* sea, ocean
mariscada *f.* seafood casserole
mariscos *m. pl.* seafood
martes *m.* Tuesday
marzo March
más more; **más de, más que** more than
matemáticas *f. pl.* mathematics
matrícula *f.* license-plate number
mayo May
mayonesa *f.* mayonnaise
media *f.* stocking
medianoche *f.* midnight
médica *f.*, **médico** *m.* physician, doctor
medicina *f.* medicine; medication
medio half; **es la una y media** it is half past one (o'clock); *m.* environment
mediodía *m.* noon
menos minus; except
menú *m.* menu
mercado *m.* market
mes *m.* month
mesa *f.* table; desk
método *m.* method
mexicano Mexican
México Mexico
mi, mis my
miércoles *m.* Wednesday
mío mine
mirar to look (at); **mirar la televisión** to watch television
mismo same
moda *f.* fashion, style; **de última moda** in the latest style
moderno modern
módico moderate
modismo *m.* idiom
moneda *f.* coin
mono *m.* monkey, ape

monstruo *m.* monster
monstruoso monstrous
morena brunette; **moreno** brown
morir to die
mosquito *m.* mosquito
mostaza *f.* mustard
motocicleta *f.* motorcycle
motor *m.* motor, engine
muchacha *f.* girl
muchacho *m.* boy
mucho much, a great deal (of), a lot (of); **muchos** many; **tengo mucho calor** I'm very warm
mujer *f.* woman
mundo *m.* world; **todo el mundo** everybody
museo *m.* museum
música *f.* music
muy very

N

nacimiento *m.* birth
nación *f.* nation; **Naciones Unidas** United Nations
nacionalidad *f.* nationality
nada nothing; **de nada** you're welcome
nadar to swim
naranja *f.* orange
naranjada *f.* orangeade
nariz *f.* nose
natural natural
Navidad *f.* Christmas; **¡Feliz Navidad!** Merry Christmas!
necesario necessary
necesitar to need
negro black
nena *f.*, **nene** *m.* baby
ni not even
nieva it is snowing
niña *f.*, **niño** *m.* child
no no; not
noche *f.* night; **buenas noches** good evening, good night; **esta noche** tonight; **todas las noches** every night
normal normal
norteamericano American, U.S. citizen
nosotros we
nota *f.* note; mark, grade
noventa ninety
noviembre November
nube *f.* cloud
nuestro our

nueve nine
nuevo new
número *m.* number; **número de teléfono** telephone number
nunca never

O

o or
obra *f.* work
octubre October
ochenta eighty
ocho eight
oficina *f.* office
ofrecer to offer
ojo *m.* eye; **ojos pardos** brown eyes
once eleven
opinión opinion
oportunidad *f.* opportunity
ordinario ordinary, common
oreja *f.* ear
otoño *m.* autumn, fall
otro other, another

P

paciente *m. & f.* patient
padre *m.* father; **padres** parents
pagar to pay
pago *m.* payment
país *m.* country
pájaro *m.* bird
palabra *f.* word
palmera *f.* palm tree
pan *m.* bread; **pan tostado** toast
panadería *f.* bakery
pantalones *m. pl.* pants, trousers
papa *f.* potato; **papas fritas** french fried potatoes
papá *m.* papa, dad(dy)
papel *m.* paper
paquete *m.* package
par *m.* pair
para for; to, in order to
parada *f.* stop; **parada de autobús** bus stop
Paraguay *m.* Paraguay
paraguayo Paraguayan
pared *f.* wall
parque *m.* park
partido *m.* game, match
pasar to spend; to pass; to

happen; **¿qué te pasa?** what's the matter with you?
Pascua Florida *f.* Easter
pastel *m.* pie
pato *m.* duck
paz *f.* peace
P.D. P.S.
pedazo *m.* piece
pedir to order; to ask
película *f.* film, movie
pelo *m.* hair
pelota *f.* ball
pequeño small
pera *f.* pear
perdido lost
perfecto perfect
periódico *m.* newspaper
pero but
perrito *m.* puppy
perro *m.* dog
personas *f. pl.* people
Perú *m.* Peru
peruano Peruvian
pez *m.* fish (*live*)
piano *m.* piano
pie *m.* foot; **ir a pie** to walk
pierna *f.* leg
pintura *f.* painting
piña *f.* pineapple
piscina *f.* swimming pool
pistola *f.* pistol, handgun
pizarra *f.* blackboard, chalkboard
planta *f.* plant
plato *m.* plate; dish; **la lista de platos** menu
playa *f.* beach
plaza *f.* square, plaza
pluma *f.* pen
pobre poor
pobrecito poor little thing
poco little (in quantity); **un poco de agua** a little water; **pocos** few
policía *m. & f.* police officer
pollo *m.* chicken
poner to put; **poner un huevo** to lay an egg
popular popular
por by, through, (in exchange) for; "times" (X); **dividido por** divided by; **3 días por semana** 3 days a (per) week; **por ciento** percent; **por ejemplo** for example; **por eso** for that reason; **por favor** please; **¿por qué?** why?; **por supuesto** of course

porque because
Portugal Portugal
portugués, portuguesa Portuguese; *m.* Portuguese (language)
postre *m.* dessert
prácticamente practically
practicar to practice
precio *m.* price; **a precios bajos** at low prices
pregunta *f.* question
preguntar to ask
preparar to prepare
presidenta *f.*, **presidente** *m.* president
primavera *f.* spring(time)
primer, primero first
prima *f.*, **primo** *m.* cousin
probable probable, likely
producto lácteo *m.* dairy product
profesor *m.*, **profesora** *f.* teacher
programa *m.* program
pronto soon
propósito *m.* purpose; **a propósito** by the way
pudín *m.* pudding
puedo: ¿en qué puedo servirle(s)? what can I do for you?
puerco *m.* pork; pig
puerta *f.* door; **la puerta está abierta** the door is open; **la puerta está cerrada** the door is closed
Puerto Rico Puerto Rico
puertorriqueño Puerto Rican
pues well, then
puesto *m.* post, stand; **puesto de periódicos** newsstand
puré de papas *m.* mashed potatoes

Q

que that; than; **más que** more than; **¿qué?** what? which?; **¿qué otra cosa** what else?; **¿Qué tal?** How's everything?; **¡Qué trabajo!** What a job!
querer to want
queso *m.* cheese
¿quién? ¿quiénes? who?
química *f.* chemistry
quince fifteen
quizás maybe, perhaps

R

radio *f.* radio
rápido fast, rapid
ratón *m.* mouse
recibir to receive
recomendar to recommend
reconocer to recognize
regalo *m.* gift, present
región *f.* region
regla *f.* ruler; rule
regresar to return, go back
regular so-so
reloj *m.* clock; wristwatch
reparar to repair, fix
requisito *m.* requirement
resfriado *m.* cold; **tener un resfriado** to have a cold
responder to respond, answer, reply
respuesta *f.* answer
restaurante *m.* restaurant
revista *f.* magazine
rico rich
rojo red
romántico romantic
ropa *f.* clothes, clothing
rosa *f.* rose
rosado pink
rosbif *m.* roastbeef
rubio blond
ruido *m.* noise
Rusia Russia
ruso Russian; *m.* Russian (language)

S

sábado *m.* Saturday
saber to know; to know how; **¿sabes nadar?** do you know how to swim?
sala *f.* living room
salchicha *f.* sausage, frankfurter
salir to leave, go out; **salir de la casa** to leave the house
salsa *f.* sauce
salud *f.* health
salvaje wild, savage
sandwich *m.* sandwich
secretaria *f.*, **secretario** *m.* secretary
segundo second
seis six
selección *f.* selection
semana *f.* week
semanal weekly

sentado seated
sentir: lo siento I'm sorry
señora *f.* woman; Mrs.
señorita *f.* young woman; Miss
septiembre September
ser to be; *m.* being
serio serious
servilleta *f.* napkin
servir to serve; **¿en qué puedo servirle(s)?** what can I do for you?; **para servirle** at your service
sesenta sixty
si if
sí yes
siempre always
siete seven
siguiente next, following
silla *f.* chair
sillón *m.* easy chair, armchair
simpático nice
sin without
sobre on, on top of; about, regarding
sociable sociable
sofá *m.* sofa
sol *m.* sun; **hace sol, hay sol** it's sunny
solo alone; **sólo** only
sombrero *m.* hat
sopa *f.* soup; **sopa de legumbres** vegetable soup
sorprendido surprised
sótano *m.* basement
su, sus your, his, her, their
subir to go up; to climb
sucio dirty
Sudamérica South America
suelo *m.* ground, floor
suerte *f.* luck; **¡Buena suerte!** Good luck!
suéter *m.* sweater
suficiente enough
sufrir to suffer
Suiza Switzerland
suizo Swiss
supermercado *m.* supermarket
suya, suyo his, hers, its, theirs, yours (*formal*)

T

también also, too
tanto so much
tarde late; **más tarde** later
tarde *f.* afternoon; **buenas**

tardes good afternoon; **de la tarde** P.M., in the afternoon
tarea *f.* task, homework assignment; *pl.* homework
tarjeta *f.* card
taxi *m.* taxi, cab
taza *f.* cup; **taza de café** cup of coffee
té *m.* tea
teatro *m.* theater
techo *m.* ceiling; roof
teléfono *m.* telephone
televisión *f.* television; **mirar la televisión** to watch television
televisor *m.* TV set
tendera *f.*, **tendero** *m.* storekeeper, grocer
tenedor *m.* fork
tener to have; **tener . . . años** to be . . . years old; **tener calor** to be (= feel) warm, hot; **tener frío** to be (= feel) cold; **tener hambre** to be hungry; **tener razón** to be right; **no tener razón** to be wrong; **tener sed** to be thirsty; **tener sueño** to be sleepy; **tener suerte** to be lucky; **tener que** + *infinitive* to have to: **tengo que ir** I have to go
terminal *f.* **de autobuses** bus terminal
termo *m.* thermos
terrible terrible
tía *f.* aunt
tiempo *m.* time; weather; **¿qué tiempo hace?** how's the weather?; **hace buen (mal) tiempo** the weather is nice (bad); **los tiempos pasados** the old days
tienda *f.* store; **tienda de comestibles** grocery store
tigre *m.* tiger
tímido shy
tío *m.* uncle
tiza *f.* (piece of) chalk
tocino *m.* bacon
todo everything; **todos** all (of them); **todo el día** all day; **todo el mundo** everybody; **todos los días** every day
tomar to take; **tomar el desayuno** to have breakfast
tomate *m.* tomato
tonto foolish, silly; **tonta** *f.*, **tonto** *m.* fool

toro *m.* bull
torta *f.* cake
tostada *f.* toast; **tostada con mantequilla** buttered toast
trabajar to work; **trabajar mucho** to work hard
trabajo *m.* work; **trabajos manuales** arts and crafts; "shop"
traje *m.* suit; dress; **traje de baño** bathing suit, swimsuit
tránsito *m.* traffic
transporte *m.* transportation
trece thirteen
treinta thirty
tren *m.* train
tres three
triste sad
tropical tropical
truco *m.* trick
tú you *(familiar)*
tu, tus your *(familiar)*
turista *m.* & *f.* tourist
tuyo yours

U

último last; **de última moda** in the latest fashion
universidad *f.* university; college
un, una a, one; **uno** (number) one; **unos** some, a few
Uruguay *m.* Uruguay

uruguayo Uruguayan
usar to use
usted (Ud.) you *(formal singular)*; **ustedes (Uds.)** you *(plural)*
útil useful
uva *f.* grape

V

vaca *f.* cow; **carne de vaca** beef
vacaciones *f. pl.* vacation
valer to be worth
¡vamos!, ¡vámonos! let's go!
variedad *f.* variety
vaso *m.* (drinking) glass
veinte twenty
vendedor *m.* salesman, seller
vender to sell
venta *f.* sale
ventana *f.* window
ver to see
verano *m.* summer(time)
verdad *f.* truth; **es verdad** it's true; **¿verdad?** isn't it so?
verde green
verduras *f. pl.* vegetables, greens *(used only in the plural)*
vestido *m.* dress
vez *f.* (*pl.* veces) time; **segunda vez** second time; **a veces** sometimes
viajar to travel

viaje *m.* trip, journey, voyage; **agente de viajes** travel agent; **¡buen viaje!** have a pleasant trip!
vida *f.* life
viejo old
viento *m.* wind; **hace viento** it's windy
viernes *m.* Friday
vino *m.* wine
visitar to visit
víspera *f.* eve; **Víspera de Todos los Santos** Halloween
vivir to live
vocabulario *m.* vocabulary

Y

yogur *m.* yogurt
y and; plus
yo I

Z

zanahoria *f.* carrot
zapatería *f.* shoe store; shoemaker's shop
zapato *m.* shoe
zoológico, parque zoológico, jardín zoológico *m.* zoological garden, zoo
zorro *m.* fox

English-Spanish Vocabulary

A

a un *m.*, una *f.*
above encima de, sobre
actor actor *m.*
actress actriz *f.*
afternoon tarde *f.*; **good afternoon** buenas tardes
air aire *m.*
airplane avión *m.*
airport aeropuerto *m.*
algebra álgebra *f.*
alone solo
also también
ambulance ambulancia *f.*
American norteamericano
among entre
and y
animal animal *m.*
another otro
answer contestar, responder; respuesta *f.*
apartment apartamento *m.*; **apartment building** edificio *m.* de apartamentos
apple manzana *f.*
April abril
Argentina Argentina *f.*
Argentinian argentino
arm brazo *m.*
armchair sillón *m.*
around alrededor (de)
art arte *m.*
artificial artificial
artist artista *m.* & *f.*
arts and crafts trabajos manuales *m. pl.*
ask preguntar
at a; **at home** en casa; **at one o'clock** a la una; **at two o'clock** a las dos; **at what time?** ¿a qué hora?
attorney abogada *f.*, abogado *m.*
August agosto
aunt tía *f.*
automobile automóvil *m.*
autumn otoño *m.*

B

baby nena *f.*, nene *m.*, bebé *m.*
bacon tocino *m.*
bad malo
bakery panadería *f.*
banana banana *f.*
bank banco *m.*
base base *f.*
baseball béisbol *m.*
basket cesta *f.*
bath baño *m.*
bathing suit traje de baño *m.*
bathroom cuarto de baño *m.*
be ser, estar; **be cold** estar frío; (= *feel cold*) tener frío; (*weather*) hacer frío; **be warm** estar caliente; (= *feel warm*) tener calor; (*weather*) hacer calor; **be hungry** tener hambre; **be thirsty** tener sed; **be . . . years old** tener . . . años: **I am ten years old** tengo diez años
beach playa *f.*
beans frijoles *m. pl.*
bear oso *m.*
because porque
bed cama *f.*
bedroom dormitorio *m.*
behind detrás (de)
believe creer
below debajo
belt cinturón *m.*
bench banco *m.*
beside al lado de
between entre
bicycle bicicleta *f.*
big grande
biology biología *f.*
bird pájaro *m.*
birthday cumpleaños *m.*
black negro
blackboard pizarra *f.*
blanket manta *f.*
blouse blusa *f.*
blue azul

book libro *m.*
bookstore librería *f.*
bottle botella *f.*
boy muchacho *m.*, chico *m.*
Brazil Brasil *m.*
Brazilian brasileño
bread pan *m.*
breakfast desayuno *m.*; **have breakfast** tomar el desayuno
breeze brisa *f.*
brother hermano *m.* **brother(s) and sister(s)** hermanos *m. pl.*
brown pardo, castaño, café; **brown eyes** ojos pardos
building edificio *m.*; **apartment building** edificio de apartamentos
bull toro *m.*
bus autobús *m.*; **bus terminal** terminal *f.* de autobuses
butcher shop carnicería *f.*
butter mantequilla *f.*
buy comprar
by por

C

cab taxi *m.*
café café *m.*
calculus cálculo *m.*
calendar calendario *m.*
call llamar
Canada Canadá *m.*
Canadian canadiense *m.* & *f.*
candy dulce *m.*; dulces *m. pl.*
car auto *m.*, coche *m.*
carrot zanahoria *f.*
cat gato *m.*
cent centavo *m.*
cereal cereal *m.*
chair silla *f.*
chalk: piece of chalk tiza *f.*
chalkboard pizarra *f.*
cheese queso *m.*
chemistry química *f.*

cherry cereza *f.*
chicken pollo *m.*
child niña *f.*, niño *m.;* **children**
  niños *m. pl.*
chilly: it is chilly hace fresco
Chinese chino; **Chinese**
  (language) chino *m.*
chocolate chocolate *m.;*
  chocolate ice cream helado
  de chocolate *m.*
Christmas Navidad *f.;*
  Christmas Eve nochebuena *f.*
church iglesia *f.*
cigarette cigarrillo *m.*
circus circo *m.*
city ciudad *f.*
class clase *f.;* **in class** en la
  clase
climb subir
clock reloj *m.*
closed: the door is closed la
  puerta está cerrada
clothing, clothes ropa *f.*
cloud nube *f.*
coffee café *m.*
cold frío; **be cold** estar frío; (=
  feel cold) tener frío;
  (*weather*) hacer frío; **have a**
  cold tener un resfriado
college universidad *f.*
color color *m.*
Columbus Day Día de la Raza
  f.
come into entrar en
concert concierto *m.*
cool fresco; **it's cool** (*weather*)
  hace fresco
cost precio *m.*
country (*nation*) país *m.;* (*rural*
  area) campo *m.*
cousin prima *f.*, primo *m.*
cover cubrir
cow vaca *f.*
crazy loco
cream crema *f.*
Cuban cubano
cup taza *f.;* **cup of coffee** taza
  de café

D

dairy lechería *f.*
dance bailar; baile *m.*
daughter hija *f.*
day día *m.*
  December diciembre

delicious delicioso
dentist dentista *m. & f.*
describe describir
desk escritorio *m.*
dessert postre *m.*
dictionary diccionario *m.*
difficult difícil
dining room comedor *m.*
dinner cena *f.;* comida *f.*
disco, discotheque discoteca *f.*
dish plato *m.*
divide dividir; **divided by**
  dividido por
do hacer; **do the homework**
  hacer la(s) tarea(s)
doctor doctor *m.*, doctora *f.;*
  médica *f.*, médico *m.*
dog perro *m.*
dollar dólar *m.*
Dominican dominicano;
  Dominican Republic
  República Dominicana *f.*
donkey burro *m.*
door puerta *f.;* **the door is open**
  (closed) la puerta está abierta
  (cerrada)
dress vestido *m.*
drink beber; bebida *f.*
duck pato *m.*
during durante

E

ear oreja *f.*
earn ganar
Easter Pascua Florida *f.*
easy fácil
easy chair sillón *m.*
eat comer
Ecuador Ecuador *m.*
Ecuadorian ecuatoriano
egg huevo *m.;* **fried eggs** huevos
  fritos; **hard-boiled eggs**
  huevos duros
eight ocho
eighteen diez y ocho
eighty ochenta
elephant elefante *m.*
eleven once
end fin *m.*
England Inglaterra
English inglés, inglesa; **English**
  (language) inglés *m.*
enter entrar
everybody todo el mundo
eye ojo *m.*

F

face cara *f.*
facing frente a
factory fábrica *f.*
fall otoño *m.*
family familia *f.*
famous famoso, célebre
far (from) lejos (de)
farm finca *f.*
fast rápido
fat gordo
father padre *m.*
favorite favorito
February febrero
fever fiebre *f.*
fifteen quince
fifty cincuenta
finger dedo *m.*
fireman bombero *m.*
first primer, primero
fish pez *m.* (*live*); pescado *m.*
  (*caught*)
five cinco
flag bandera *f.*
flatware (*knives, forks, spoons*)
  cubiertos *m. pl.*
floor suelo; *m.* **on the floor** en
  el suelo
flower flor *f.*
food comida *f.*
foot pie *m.*
fork tenedor *m.*
forty cuarenta
four cuatro
fourteen catorce
Fourth of July Cuatro de Julio
  m., Día *m.* de la
  Independencia
fox zorro *m.*
France Francia *f.*
French francés *m.*, francesa *f.;*
  French (language) francés *m.*
french fries papas fritas *f. pl.*
Friday viernes *m.*
friend amiga *f.*, amigo *m.*
from de
front: in front of delante de
fruit fruta *f.*

G

garage garaje *m.*
garden jardín *m.*
geometry geometría *f.*
German alemán *m.*, alemana *f.;*

German (language) alemán
m.
Germany Alemania
girl muchacha f., chica f.
give dar
glass vaso m.; **glass of milk**
vaso de leche
glove guante m.
go ir; **go in(to)** entrar en; **be
going to** (do something) ir a
+ inf.: **I'm going to read** voy
a leer; **go up** subir
good bueno; **good morning**
buenos días; **good afternoon**
buenas tardes; **good evening**
(or **good night**) buenas noches
good-bye adiós
grandfather abuelo m.
grandmother abuela f.
grandparents abuelos m. pl.
grape uva f.
grocer tendera f., tendero m.
grocery tienda f. de comestibles
green verde
ground suelo m.

H

hair pelo m.
Haiti Haití
Haitian haitiano
Halloween Víspera de Todos
los Santos f.
ham jamón m.
hamburger hamburguesa f.
hand mano f.
handicraft trabajos manuales
m. pl.
handsome guapo
happy: be happy estar contento,
estar alegre, ser feliz
hard difícil; **work hard** trabajar
mucho
hat sombrero m.
have tener; **have lunch** tomar el
almuerzo; **have to** tener que
+ inf.: **I have to leave** tengo
que salir
he él
head cabeza f.
heart corazón m.
hello hola
help ayudar
hen gallina f.
her su, sus, de ella
here aquí
his su, sus, de él

history historia f.
hog cochino m.
holiday día m. de fiesta
home: be (at) home estar en
casa
horrible horrible
horse caballo m.
hospital hospital m.
hot (muy) caliente; **be hot** estar
muy caliente; (= to feel hot)
tener mucho calor; (weather)
hacer mucho calor
hotel hotel m.
house casa f.
how? ¿cómo?; **how are you?**
¿cómo está Ud.?; **how much?**
¿cuánto?; **how many?**
¿cuántos?
hundred cien, ciento; **a hundred
dollars** cien dólares; **one
hundred fifty dollars** ciento
cincuenta dólares
hunger hambre f.
hungry: be hungry tener
hambre
husband esposo m.

I

I yo
ice cream helado m.
if si
important importante
in en
intelligent inteligente
island isla f.
it (subject) él; ella; **I like it** me
gusta
Italian italiano; **Italian
(language)** italiano m.
Italy Italia

J

jacket chaqueta f.
January enero
Japan Japón m.
Japanese japonés m., japonesa
f.; **Japanese (language)**
japonés m.
juice jugo m.; **orange juice** jugo
de naranja
July julio; **Fourth of July**
Cuatro de Julio m., Día m. de
la Independencia
June junio

K

kitchen cocina f.
kitten gatito m.
knife cuchillo m.
know saber; **know how to** saber
+ inf.: **she knows how to
swim** ella sabe nadar

L

lake lago m.
lamp lámpara f.
large grande
last último
lawyer abogada f., abogado m.
leaf hoja f.
learn aprender
leave salir; **leave school** salir de
la escuela
leg pierna f.
lemon limón m.
lesson lección f.
letter carta f.; **letter carrier**
cartera f., cartero m.
lettuce lechuga f.
library biblioteca f.
life vida f.
like: I like the book me gusta el
libro; **do you like the photos?**
¿te gustan las fotos?
lion león m.
lip labio m.
listen (to) escuchar
little (in size) pequeño; (in
quantity) poco
live vivir
living room sala f.
long largo
look (at) mirar
look for buscar
lot: a lot (of) mucho; **lots of**
muchos
lunch almuerzo m.; **have lunch**
tomar el almuerzo

M

magazine revista f.
mailman cartero m.
mall centro comercial m.
man hombre m.
map mapa m.
March marzo
market mercado m.

mashed potatoes puré *m*. de papas
mathematics matemáticas *f. pl.*
matter: it doesn't matter no importa
May mayo
maybe quizás
mayonnaise mayonesa *f*.
me me
meal comida *f*.
meat carne *f*.
medicine medicina *f*.
menu lista *f*. de platos
Mexico México
Mexican mexicano
midnight medianoche *f*.
milk leche *f*.
minus menos
Miss señorita *f*.
modern moderno
Monday lunes *m*.
money dinero *m*.
monkey mono *m*.
month mes *m*.
morning mañana *f.;* **good morning** buenos días
mosquito mosquito *m*.
mother madre *f*.
motor motor *m*.
motorcycle motocicleta *f*.
mouse ratón *m*.
mouth boca *f*.
movie película *f.;* **go to the movies** ir al cine
movie theater cine *m*.
Mr. señor *m*.
Mrs. señora *f*.
music música *f.;* **listen to the music** escuchar la música
mustard mostaza *f*.
my mi, mis

N

name nombre *m.;* **what's your name?** (*familiar*) ¿cómo te llamas?, (*formal*) ¿cómo se llama Ud.?; **my name is Mary** (yo) me llamo María; **what's his (her) name?** ¿cómo se llama él (ella)?; **his (her) name is . . .** se llama . . . ; **their names are . . .** se llaman . . .
napkin servilleta *f*.
natural natural

near cerca (de)
neck cuello *m*.
necktie corbata *f*.
new nuevo; **New Year's Day** Año Nuevo *m.;* **New Year's Eve** víspera *f*. de Año Nuevo
newspaper periódico *m*.
next próximo; **next to** al lado de
nice buen, bueno; (*person*) amable, simpático
night noche *f.;* **good night** buenas noches
nine nueve
nineteen diez y nueve
ninety noventa
noon mediodía *m*.
nose nariz *f*.
note nota *f*.
notebook cuaderno *m*.
nothing nada
November noviembre
now ahora
number número *m.;* **telephone number** número de teléfono
nurse enfermera *f*., enfermero *m*.

O

ocean mar *m*.
o'clock: at one o'clock a la una; **at two o'clock** (**three o'clock,** *etc.*) a las dos (las tres, *etc.*); **it's one o'clock** es la una; **it's two o'clock** (**three o'clock,** *etc.*) son las dos (las tres, *etc.*)
October octubre
of de
offer ofrecer
office oficina *f*.
old viejo; **how old are you?** ¿cuántos años tiene Ud.?; **I am fifteen years old** tengo quince años
on en, sobre; **on top of** sobre, encima de
one uno
one hundred cien, ciento; **one hundred dollars** cien dólares; **one hundred fifty dollars** ciento cincuenta dólares
only sólo
open abrir; **the door is open** la puerta está abierta
opposite frente a

or o
orange naranja *f.;* (*color*) anaranjado; **orange juice** jugo *m*. de naranja
orangeade naranjada *f*.
ordinary ordinario
other otro
our nuestro

P

palm tree palmera *f*.
pants pantalones *m. pl.*
paper papel *m*.
Paraguay Paraguay *m*.
Paraguayan paraguayo
parents padres *m. pl.*
park parque *m*.
party fiesta *f*.
pass pasar
Patrick: St. Patrick's Day el Día de San Patricio
peace paz *f*.
pear pera *f*.
pen pluma *f*.
pencil lápiz *m.;* (*pl.* lápices)
people gente *f*.
pepper pimienta *f*.
Peru Perú *m*.
Peruvian peruano
physical education educación física *f*.
physician médica *f*., médico *m*.
physics física *f*.
piano piano *m*.
pig cochino *m*.
pineapple piña *f*.
plant planta *f*.
plate plato *m*.
plaza plaza *f*.
please por favor
plus y
policeman policía *m*.
police officer policía *m. & f.*
poor pobre
popular popular
pork puerco *m*., cerdo *m*.
Portugal Portugal
Portuguese portuguesa *f*., portugués *m.;* **Portuguese (language)** portugués *m*.
post office correo *m*.
potato papa *f*.
practice practicar
pretty bonito
price precio *m*.

probable probable
pudding pudín *m.*
Puerto Rico Puerto Rico
Puerto Rican puertorriqueño
puppy perrita *f.*, perrito *m.*

Q

question pregunta *f.*; **ask a question** hacer una pregunta

R

rabbit conejo *m.*
radio radio *f.*; **listen to the radio** escuchar la radio
rain llover; **it's raining** llueve
read leer
receive recibir
record disco *m.*
red rojo
restaurant restaurante *m.*
rice arroz *m.*; **rice and beans** arroz con frijoles *m.*
rich rico
ride ir en coche
rise levantarse; **I rise (get up)** yo me levanto
roastbeef rosbif *m.*; **roastbeef sandwich** sandwich de rosbif *m.*
romantic romántico
room cuarto *m.*; **bathroom** cuarto de baño; **bedroom** dormitorio *m.*; **dining room** comedor *m.*; **living room** sala *f.*
rose rosa *f.*
ruler regla *f.*
run correr
Russia Rusia
Russian ruso; **Russian (language)** ruso *m.*

S

sad triste
salad ensalada *f.*; **potato salad** ensalada de papas
salt sal *f.*
sandwich sandwich *m.*; **ham and cheese sandwich** sandwich de jamón y queso

Saturday sábado *m.*
sausage salchicha *f.*
say decir
school escuela *f.*; **in school** en la escuela; **there's no school today** no hay clases hoy
science ciencias *f. pl.*
sea mar *m.*
season estación *f.*
seated sentado
second segundo
secretary secretaria *f.*, secretario *m.*
see ver; **I'll be seeing you, you later** hasta la vista; **see you tomorrow** hasta mañana
sell vender
September septiembre
seven siete
seventeen diez y siete
seventy setenta
she ella
shirt camisa *f.*
shoe zapato *m.*
shoe store zapatería *f.*
shopping center centro comercial *m.*
shorts pantalones cortos *m. pl.*
sick enfermo
sing cantar
sister hermana *f.*
six seis
sixteen diez y seis
sixty sesenta
skinny flaco
skirt falda *f.*
sky cielo *m.*
small pequeño
snow nevar; **it's snowing** nieva
sociable sociable
social studies ciencias sociales *f. pl.*
sock calcetín *m.*
soda gaseosa *f.*, soda *f.*
sofa sofá *m.*
something algo
son hijo *m.*
soon pronto
soup sopa *f.*
Spain España
Spanish española *f.*, español *m.*; **Spanish (language)** español *m.*
Spaniard español *m.*
speak hablar
spend (*time*) pasar; (*money*) gastar

spoon, tablespoon cuchara *f.*; **teaspoon** cucharita *f.*
sport deporte *m.*
spring primavera *f.*
stadium estadio *m.*
star estrella *f.*
station estación *f.*; **train station** estación de trenes
steak bistec *m.*
stocking media *f.*
stomach estómago *m.*
stop parada *f.*; **bus stop** parada de autobuses
store tienda *f.*
street calle *f.*
student alumna *f.*, alumno *m.*; estudiante *m. & f.*
study estudiar
stupid estúpido
suffer sufrir
sugar azúcar *m.*
suit traje *m.*; **bathing suit, swimsuit** traje de baño
summer verano *m.*
sun sol *m.*
Sunday domingo *m.*
sunny; it's sunny hace sol, hay sol
supermarket supermercado *m.*
supper cena *f.*; **have supper** tomar la cena
sweater suéter *m.*
sweet dulce; **sweets** dulces *m. pl.*
swim nadar
swimsuit traje de baño *m.*
Switzerland Suiza

T

table mesa *f.*
take tomar
talk hablar
tall alto
taxi taxi *m.*
tea té *m.*
teacher (*elementary school*) maestra *f.*, maestro *m.*; (*high school & college*) profesor *m.*, profesora *f.*
telephone teléfono *m.*
television televisión *f.*; **television set** televisor *m.*; **watch television** mirar la televisión
tell decir

ten diez
terminal terminal *f.*; **bus terminal** terminal de autobuses
terrible terrible
thanks, thank you gracias; **thanks very much** muchas gracias; **Thanksgiving Day** Día *m.* de Acción de Gracias
the el; la
theater teatro *m.*
their su, sus, de ellos
there allí; **there is, there are** hay
thermos termo *m.*
they ellos, ellas
thin flaco
thing cosa *f.*
think pensar; creer
thirsty: be thirsty tener sed
thirteen trece
thirty treinta
three tres
through por
Thursday jueves *m.*
tie corbata *f.*
tiger tigre *m.*
time vez *f.* (*pl.* veces); (*clock time*) hora *f.*: **at what time?** ¿a qué hora?; **what time is it?** ¿qué hora es?
times (x) por
tired: be tired estar cansado
to a
toast tostada *f.*; **buttered toast** tostada con mantequilla
today hoy
tomato tomate *m.*
tongue lengua *f.*
tooth diente *f.*
top: on top (of) sobre, encima (de)
train tren *m.*
travel agency agencia *f.* de viajes
tree árbol *m.*
tropical tropical
trousers pantalones *m. pl.*
T-shirt camiseta *f.*
Tuesday martes *m.*
tuna fish atún *m.*
twelve doce

twenty veinte
two dos

U

ugly feo
uncle tío *m.*
under debajo de
understand comprender
United States Estados Unidos *m. pl.*
university universidad *f.*
Uruguay Uruguay
Uruguayan uruguayo
use usar

V

vanilla vainilla *f.*; **vanilla ice cream** helado *m.* de vainilla
vegetable legumbre *f.*; (*plural only*) verduras *f. pl.*
very muy; **the water is very warm** el agua está muy caliente; **I am very warm** tengo mucho calor; **it's very warm today** hoy hace mucho calor
visit visitar

W

waiter camarero *m.*
waitress camarera *f.*
walk ir a pie, andar
want desear, querer
warm caliente; **the water is warm** el agua está caliente; **I am warm** tengo calor; **it's warm today** hoy hace calor
watch mirar
water agua *f.*
we nosotros
weather tiempo *m.*; **how's the weather?** ¿qué tiempo hace?; **the weather is bad** hace mal tiempo; **the weather is nice** hace buen tiempo
Wednesday miércoles *m.*

week semana *f.*
welcome: you're welcome de nada
what? ¿qué?; **at what time?** ¿a qué hora?; **what's your name?** ¿cómo se llama Ud.?
when cuando; **when?** ¿cuándo?
where donde; **where?** ¿dónde?
which? ¿cuál? ¿cuáles?
white blanco
who que; **who?** ¿quién? ¿quiénes?
why? ¿por qué?
wife esposa *f.*
win ganar
wind viento *m.*
window ventana *f.*
windy: it is windy hace viento
wine vino *m.*
winter invierno *m.*
wish desear, querer
with con
wolf lobo *m.*
woman mujer *f.*; señora *f.*; **young woman** señorita *f.*
word palabra *f.*
work trabajo *m.*; **work hard** trabajar mucho
world mundo *m.*
write escribir

Y

year año *m.*; **New Year's Day** Año Nuevo; **New Year's Eve** Víspera *f.* de Año Nuevo
yellow amarillo
yes sí
yogurt yogur *m.*
you tú, usted (Ud.), ustedes (Uds.)
young joven (*pl.* jóvenes)
your tu, tus, su, sus, de Ud., de Uds.

Z

zoo, zoological garden parque zoológico *m.*

Grammatical Index

a 105–106, 131
adjectives
  descriptive 115–116, 116–117, 117–119, 121–122, 131
  of nationality 379
  possessive 247–252, 254, 277
al (contraction of a+el) 105–106
-ar verbs 41–42, 45–46, 63, 104, 161, 394, 404
arithmetic 76
article, see definite article, indefinite article

cognates 195, 229, 243, 259, 296, 310, 326, 364, 375
conjugation 45
contractions 105–106

dar 161
dates 190–191
days of the week 183, 184–185, 198
decir 373, 404
definite article
  plural (las, los) 21–22, 62
  singular (el, la) 7–8, 62

-er verbs 102–103, 104, 130–131, 161, 396, 404
estar 171–172, 198
  compared with ser 172–173, 175, 198
  uses 172–173, 174, 198

gender 7–8
gustar 266, 267, 269, 277

hacer 233
  with time expressions 238–239

indefinite article (un, una) 33–34, 35, 62
interrogative sentences 54, 63
ir 315, 342
  expressions with 318
  followed by infinitive to express future action 320
-ir verbs 157, 158, 161, 197, 396, 404

months 185–186, 198

negative sentences 54–55, 63
nouns
  feminine and masculine 7–8, 62
  plural 21–22, 62
numbers 73, 130, 301–302, 342

personal a 105–106, 131
poner 161, 197
possessive adjectives 247–252, 254, 277
prepositions 290, 291, 342
preterite tense 394, 404
pronouns, subject 42–43, 46, 63

querer 333, 342
questions 54, 63

saber 161, 197
salir 160, 197
seasons 233
ser 148, 197
  compared with estar 172–173, 175
subject pronouns 42–43, 46, 63

tener 220, 276
  expressions with 222–223, 276
time expressions 84–94, 130
traer 197

Ud., Uds. 148

verbs
  -ar verbs 41–42, 45–46, 63, 104, 161, 396
  dar 161, 197
  decir 373, 404
  -er verbs 102–103, 104, 130–131, 161, 396
  estar 171–172, 198; compared with ser 172–173, 174, 175, 198; uses 172–173, 198
  gustar 266, 267, 269, 277
  hacer 233, 276; with time expressions 238–239
  ir 315, 342; expressions with 318; followed by infinitive to express future action 320
  -ir verbs 157, 158, 161, 197, 396
  poner 161, 197
  preterite tense 394, 396, 404
  querer 333, 342
  saber 161, 197
  salir 160, 197
  ser 148, 197; compared with estar 172–173, 175, 198
  tener 220, 276; expressions with 222–223, 276
  traer 197

weather expressions 231, 277

Topical Index